- Las Bienaventuranzas -

Un Hombre en Búsqueda de la Bendición Verdadera

Dr. Jaerock Lee

> *"Bendito el varón que confía en Jehová,*
> *y cuya confianza es Jehová.*
> *Porque será como el árbol plantado junto a las aguas,*
> *que junto a la corriente echará sus raíces,*
> *y no verá cuando viene el calor,*
> *sino que su hoja estará verde;*
> *y en el año de sequía no se fatigará,*
> *ni dejará de dar fruto".*
>
> (Jeremías 17:7-8)

Un Hombre en Búsqueda de La Bendición Verdadera,
escrito por el Dr. Jaerock Lee
Publicado por Libros Urim (Representante: Kyungtae Noh)
73, Yeouidaebang-ro 22-gil, Dongjak-gu, Seúl, Corea
www.urimbooks.com

Todos los derechos reservados. Ninguna parte de esta publicación podrá ser reproducida, procesada en algún sistema que la pueda reproducir, o transmitida en alguna forma o por algún medio electrónico, mecánico, fotocopia, cinta magnetofónica y otro, sin el permiso previo y por escrito de los editores.

A menos que se indique lo contrario, todo el texto Bíblico ha sido tomado de la versión Reina-Valera © 1960 Sociedades Bíblicas en América Latina; © renovado 1988 Sociedades Bíblicas Unidas. Utilizado con permiso. Reina-Valera 1960™ es una marca registrada de la American Bible Society, y puede ser usada solamente bajo licencia.

Derechos de autor © 2015 por el Dr. Jaerock Lee
ISBN: 979-11-263-0064-8 03230
Derechos de traducción © 2013 por la Dra. Esther K. Chung. Usado con permiso.
Publicado originalmente en coreano por Libros Urim en el 2007.

Publicado por primera vez en Marzo de 2016

Editado por la Dra. Geumsun Vin
Designed by Editorial Bureau of Urim Books
For more information, contact at: urimbook@hotmail.com

Mensaje del autor

Existe una historia escrita en una universidad en Roma. Un estudiante universitario que tuvo algunas dificultades financieras fue donde un anciano rico para pedirle ayuda. Este anciano le preguntó en qué gastaría el dinero. El estudiante le explicó que lo invertiría en la finalización de sus estudios.

–¿Y luego?

–Pues tengo que comenzar a ganar dinero.

–¿Y luego?

–Me casaré.

–¿Y luego?

–Voy a envejecer.

—¿Y luego?

—Bueno, finalmente moriré.

—¿Y luego?

—....

Existe una buena lección en esta historia. Si el estudiante hubiera sido una persona que estaba en búsqueda de las bendiciones verdaderas, hubiera respondido: "Iré a Cielo", a la última de las preguntas del anciano.

Generalmente, en esta sociedad las personas creen que tener cosas como riquezas, salud, fama, autoridad y paz en la familia, son bendiciones. En realidad las personas se esfuerzan para lograr tener estas cosas. Sin embargo, si vemos a nuestro alrededor, podemos ver que existen muy pocos que disfrutan todas estas bendiciones.

Quizás algunas familias sean ricas, sin embargo, muchas de

ellas tienen problemas o dificultades entre las relaciones con sus padres, hijos o familia política. Incluso una persona saludable puede perder su vida en cualquier momento debido a un accidente o una enfermedad.

En abril de 1912, miles de personas se encontraban viajando pacíficamente en un crucero de lujo que tuvo un accidente trágico. El 'Titanic', con 2 300 personas a bordo, chocó con un iceberg y se hundió en su primer crucero. En ese entonces era el crucero más grande del mundo haciendo alarde de su excelencia y lujo, no obstante, nadie sabía lo que ocurriría luego de unas horas.

Nadie tiene comprado con certeza el día de mañana. Incluso si alguien disfruta de riqueza, fama y autoridad en este mundo durante toda su vida, no puede ser una persona bendecida si va al Infierno y sufre por la eternidad. Por consiguiente, la verdadera bendición es la de recibir la salvación y poder entrar al reino de los Cielos.

Cerca de 2 000 años atrás, Jesús comenzó con su ministerio público con el mensaje: *"¡Arrepiéntanse, porque el reino de*

Dios se ha acercado!" (Mateo 4:17) El primer mensaje seguido de Su proclamación fue las 'Bienaventuranzas', por medio del cual podían alcanzar el reino de los Cielos. A las personas que pronto desaparecen como la niebla, Jesús les enseñó acerca de las bendiciones eternas, es decir, las bendiciones verdaderas para entrar al reino de los Cielos.

También les enseñó que se convirtieran en la luz y la sal del mundo, para cumplir la ley con amor y alcanzar las bienaventuranzas. Podemos leer de esto en Mateo 5 al 7. A esto se lo ha denominado 'El Sermón del Monte'.

Expresamente, junto con el amor espiritual en 1 Corintios 13 y el fruto del Espíritu en Gálatas 5, las Bienaventuranzas nos dicen la manera de convertirnos en personas del espíritu.

Sirven de señal para que podamos examinar nuestras vidas y los contenidos esenciales, para que podamos llegar a ser santificados y entrar a la Nueva Jerusalén donde está el trono de Dios y lugar que es la morada más gloriosa en el Cielo.

Este libro: *Un Hombre en Búsqueda de La Bendición Verdadera,* es un resumen de los sermones acerca de las

Bienaventuranzas que he predicado en la iglesia en varias ocasiones.

Si cumplimos con las palabras en las Bienaventuranzas, no solo disfrutaremos de todas las bendiciones de este mundo tales como riquezas, fama, autoridad y paz en la familia, sino que también poseeremos la Nueva Jerusalén entre las muchas moradas celestiales. La bendición dada por medio de Dios no puede ser sacudida bajo ningún tipo de circunstancias. Si solo cumplimos las Bienaventuranzas, no tendremos ninguna deficiencia.

Ruego que por medio de este libro muchas personas puedan cambiar y ser hombres del espíritu que buscan bendiciones verdaderas y reciben todas las bendiciones que Dios tiene preparadas. Además de ello, quiero agradecer a GeumsunVin, directora del departamento editorial y a los obreros.

Jaerock Lee

Tabla de contenidos

Mensaje del autor

Capítulo 1 : La primera bendición

Bienaventurados los pobres en espíritu,
porque de ellos es el reino de los cielos   1

Capítulo 2 : La segunda bendición

Bienaventurados los que lloran,
porque ellos recibirán consolación   21

Capítulo 3 : La tercera bendición

Bienaventurados los mansos,
porque ellos recibirán la tierra por heredad   39

Capítulo 4 : La cuarta bendición

Bienaventurados los que tienen hambre
y sed de justicia, porque ellos serán saciados   57

Capítulo 5 : La quinta bendición

**Bienaventurados los misericordiosos,
porque ellos alcanzarán misericordia**   71

Capítulo 6 : La sexta bendición

**Bienaventurados los de limpio corazón,
porque ellos verán a Dios**   93

Capítulo 7 : La séptima bendición

**Bienaventurados los pacificadores,
porque ellos serán llamados hijos de Dios**   109

Capítulo 8 : La octava bendición

**Bienaventurados los que padecen persecución
por causa de la justicia,
porque de ellos es el reino de los cielos**   131

Capítulo 1
La primera bendición

———⚜———

Bienaventurados los pobres en espíritu, porque de ellos es el reino de los cielos

Mateo 5:3

"Bienaventurados los pobres en espíritu, porque de ellos es el reino de los cielos".

Un convicto condenado a muerte en una prisión estadounidense estaba derramando lágrimas mientras sostenía un periódico en la mano. El titular trataba acerca de la toma de posesión del vigésimo segundo presidente de EE. UU, Stephen Grover Cleveland. Un carcelero que lo observaba le preguntó por qué lloraba tan amargamente. Él le comenzó a explicar con su rostro cabizbajo.

Continuó diciendo: "Stephen y yo estábamos en la misma universidad. Un día, luego de terminar nuestra clase, escuchamos el sonido de las campanas de una iglesia. Stephen me animó a que fuera con él a la iglesia; pero yo me rehusé a hacerlo. Él se fue a la iglesia y yo a un bar; eso realmente hizo nuestras vidas muy diferentes".

Un simple momento de elección cambió totalmente la vida de ese hombre. Pero esto no solo sucede con la vida sobre la Tierra, nuestras vidas eternas también pueden cambiar debido a las decisiones que tomemos.

Los invitados al banquete celestial

En Lucas 14, un hombre ofreció una gran cena e invitó a muchas personas. Envió a sus siervos a que escolten a sus invitados, pero todos ellos regresaron solos. Los invitados presentaron muchos pretextos; estaban muy ocupados para ir a la cena.

"He comprado una hacienda, y necesito ir a verla. Muchas

gracias por la invitación, pero lamentablemente no puedo ir".

"He comprado cinco yuntas de bueyes, y voy a probarlos; lo lamento pero no podré asistir".

"Sé que tú entenderás que acabo de casarme, y por tanto no puedo ir".

Entonces el anfitrión de la cena envió a sus siervos a los pueblos para que trajeran a los pobres, los ciegos y los cojos de las calles para compartir con ellos el banquete. En esta parábola Jesús compara a las personas que recibieron la invitación con aquellos a quienes se les ofreció una invitación para asistir al banquete celestial.

En la actualidad, aquellos que son ricos en el espíritu rehúsan aceptar el evangelio. Dan muchas excusas para no participar, mientras que las personas que son pobres de espíritu rápidamente aceptan la invitación. Es por ello que la primera puerta para atravesar a la verdadera bendición es llegar a ser una persona pobre en espíritu.

Los pobres en espíritu

El ser 'pobre en espíritu' es tener un corazón pobre. Es poseer un corazón sin arrogancia, orgullo, egoísmo, deseos personales y maldad. De esta manera, las personas que son 'pobres en espíritu' aceptan el evangelio con mayor facilidad. Luego de aceptar a

Jesucristo, anhelan las cosas espirituales. Además, están dispuestas a cambiar rápidamente mediante el poder de Dios.

Algunas mujeres dicen: "Mi esposo es realmente un buen hombre, pero él no quiere aceptar el evangelio". Las personas consideran algo como 'bueno' si es que no se practican actos externos que sean malos. Pero aunque alguien parezca ser bueno, si no acepta el evangelio porque su corazón es rico, ¿cómo podemos decir que es realmente bueno?

En Mateo 19 un hombre joven se acerca a Jesús y le pregunta cuales son las cosas buenas que tiene que hacer para obtener la vida eterna. Jesús le dijo que guardara todos los mandamientos de Dios. Luego, añadiendo a lo que había mencionado, le dijo que vendiera todas sus posesiones, se las diera a los pobres; y que luego lo siguiera.

El joven pensó que amaba a Dios y que guardaba muy bien Sus mandamiento, pero se alejó con mucha tristeza. Esto fue porque él era alguien muy rico, y consideraba su riqueza más preciosa que obtener la vida eterna. Al verlo Jesús dijo: *"Otra vez os digo, que es más fácil pasar un camello por el ojo de una aguja, que entrar un rico en el reino de Dios"* (v. 24).

En este caso, ser rico no solo significa tener posesiones y grandes riquezas. Significa ser rico en el espíritu. Las personas ricas en espíritu quizás no hagan nada malo en lo externo, pero puede tener fuertes deseos carnales; se deleitan en el dinero, la autoridad, el conocimiento, el orgullo, las actividades recreacionales, los entretenimientos y otros placeres. Es por esto que no sienten la necesidad del evangelio ni de buscar a Dios.

Bendiciones de riquezas para aquellos que son pobres de espíritu

En Lucas 16, el hombre rico se divirtió y ofrecía fiestas todos los días. Era tan rico que también su corazón era rico; no sintió la necesidad de creer en Dios. Sin embargo, Lázaro, el mendigo, sufrió de enfermedades y tenía que mendigar en la puerta de la casa de este hombre rico. Debido a que él fue pobre de espíritu, pudo ver a Dios.

¿Cuál fue el resultado después de su muerte? Lázaro fue salvo y pudo descansar en el seno de Abraham, pero el hombre rico fue al Hades y sufrió por la eternidad.

Las llamas eran tan calientes que dijo: *"Padre Abraham, ten misericordia de mí, y envía a Lázaro para que moje la punta de su dedo en agua, y refresque mi lengua"* (v. 24). Él no pudo librarse de su dolor ni siquiera por un momento.

Entonces, ¿qué tipo de persona es un hombre bendecido? No es el hombre que tiene muchas posesiones y autoridad, y disfruta su vida en este mundo como una persona rica. Aunque tenga una vida humilde, puede llevar un vida verdaderamente bendecida al aceptar a Jesucristo y entrar el reino de los cielos como Lázaro. ¿Cómo podemos comparar la vida sobre la Tierra que solo dura setenta u ochenta años, con la vida eterna?

Esta parábola nos dice que lo más importante no es si somos ricos o no en este mundo, sino ser pobres en espíritu y creer en Dios.

No obstante, esto no significa que una persona de espíritu pobre que haya aceptado a Jesucristo deba llevar una vida pobre y sufrir enfermedades como Lázaro para llegar a ser salvo. Sino al contrario, debido a que Jesús nos redimió de nuestros pecados y Él mismo llevó una vida en pobreza, cuando somos pobres en espíritu y vivimos mediante la Palabra de Dios; podemos llegar a ser ricos (2 Corintios 8:9).

3 Juan 1:2 dice: *"Amado, yo deseo que tú seas prosperado en todas las cosas, y que tengas salud, así como prospera tu alma"*. Mientras nuestra alma prospera seremos saludables espiritual y físicamente, y recibiremos bendiciones financieras, paz familiar y así por el estilo.

Aunque hayamos aceptado a Jesucristo y lleguemos a disfrutar de bendiciones de riqueza, debemos mantener nuestra fe en Cristo hasta el final para poseer el reino celestial completamente. Si nos alejamos del camino de la salvación al amar a este mundo, nuestros nombres pueden ser borrados del libro de la vida (Salmos 69:28).

Esto es parecido a una carrera de maratón. Cuando el corredor del maratón que está ubicado en el primer puesto sale del curso antes de la línea de meta, no puede obtener ningún premio sin mencionar que no tendrá ninguna medalla.

Es decir, aunque estemos llevando una vida cristiana diligente en la actualidad, si nuevamente llegamos a ser ricos en el corazón debido a la tentación del dinero y los placeres de este mundo, nuestro fervor se enfriará. Puede ser que incluso nos apartemos de Dios. Si hacemos esto, quizás no podremos alcanzar el reino de los cielos.

Es por esto que en 1 Juan 2:15-16 leemos lo siguiente:

"No améis al mundo, ni las cosas que están en el mundo. Si alguno ama al mundo, el amor del Padre no está en él. Porque todo lo que hay en el mundo, los deseos de la carne, los deseos de los ojos, y la vanagloria de la vida, no proviene del Padre, sino del mundo".

Abstenerse de los deseos de la carne

Los deseos de la carne son los pensamientos de falsedad que se levantan en el corazón. Esta es la naturaleza que quiere cometer pecados. Si nosotros tenemos enemistades, ira, deseos, envidia y una mente adúltera y arrogancia en el corazón, vamos a querer ver, escuchar y actuar siguiendo este tipo de naturaleza.

Por ejemplo: si una persona tiene la naturaleza para juzgar y condenar a los demás, tendrá el deseo de escuchar rumores acerca de otras personas. Entonces, sin siquiera examinar para descubrir y conocer la verdad, propagan esas cosas y calumnian a las demás personas sintiéndose bien y experimentando placer al hacerlo.

Además, si alguien está enojado en su corazón, se enfadará incluso de asuntos insignificantes. Se sentirá bien solo después de que saque su ira. Si esta persona intenta contener su ira que va en aumento, será doloroso para ella, por lo tanto, no puede dejar de expresar su ira.

Con el fin de poder deshacernos de los deseos de la carne, tenemos que orar. Sin duda podemos hacerlo si recibimos la llenura del Espíritu por medio de la oración ferviente. Por el contrario, si dejamos de orar y perdemos la llenura del Espíritu, le damos la oportunidad a Satanás de perturbar los deseos de la carne. Como uno de los resultados, posiblemente cometamos pecados en acción.

1 Pedro 5:8 dice: *"Sed sobrios, y velad; porque vuestro adversario el diablo, como león rugiente, anda alrededor buscando a quien devorar".* Por medio de la oración, debemos estar siempre alertas para recibir la llenura del Espíritu Santo. Mediante la oración ferviente podemos volvernos pobres de espíritu al abstenernos de los deseos de la carne, que son la naturaleza pecaminosa.

Abstenerse de los deseos de los ojos

Los deseos de los ojos constituyen la naturaleza pecaminosa que es increpada cuando vemos o escuchamos algo. Nos motiva a desear seguir en pos de lo que vimos o escuchamos. Cuando observamos algo y lo aceptamos solo con los sentimientos, si posteriormente vemos algo similar, estimulará sentimientos parecidos. Incluso sin verlo, con solo escuchar algo similar, se levantará un tipo de sentimiento parecido, causando así los deseos de los ojos.

Si no nos despojamos de ello, sino que aceptamos los deseos de los ojos continuamente, esto increpa los deseos de la carne, y una vez más, finalmente puede conducirnos a cometer pecados con nuestras acciones. David, quien fue un hombre conforme al corazón de Dios, también cometió un pecado debido a los deseos de los ojos.

Un día, luego de que él se convirtiera en rey y la nación llegara a tener cierta estabilidad, David se encontraba en la terraza y por casualidad vio a Betsabé, esposa de Urías, tomando un baño. Así fue tentado y la tomó; y se acostó con ella.

En ese momento su esposo se encontraba en batalla, peleando por la nación. Luego, David llegó a enterarse de que ella se encontraba embarazada. Con el fin de ocultar su fechoría, llamó a Urías del campo de batalla y le instó a dormir en su casa.

Pero en consideración a sus compañeros que seguían luchando, durmió en la puerta de la casa del rey. Cuando las cosas no salieron como él quiso, David envió a Urías al frente de batalla para que lo mataran.

David pensó que él amaba a Dios más que ningún otro. No obstante, como los deseos de los ojos se introdujeron en su vida, cometió la maldad de acostarse con la esposa de otro hombre. Además de ello, para ocultarlo, cometió el gran pecado de asesinarlo.

Luego, como pago por lo que hizo, tuvo que atravesar una enorme prueba. El hijo que tuvo Betsabé murió, y luego David tuvo que escapar de la rebelión de su hijo Absalón. Incluso tuvo que escuchar cómo una persona de baja estirpe lo maldijo.

Por medio de esto, David pudo darse cuenta de toda forma de maldad en su corazón y arrepentirse completamente delante de Dios. Finalmente, se convirtió en un rey grandemente utilizado por Dios.

En la actualidad, algunos jóvenes disfrutan materiales para adultos en las películas o en la Internet. Pero esto no se debe tomar a la ligera. Este tipo de deseos de los ojos es como encender la mecha de los deseos de la carne.

Ahora comparémoslo con la guerra. Supongamos que los deseos de la carne están representados por soldados que están pelando dentro de una ciudad amurallada. Entonces los deseos de los ojos son como refuerzos o reservas militares para aquellos soldados que se encuentran dentro de la ciudad amurallada. Si reciben constantes reservas, tendrán muchas fuerzas para luchar. Si los deseos de la carne son reforzados, no podremos ganar sobre ellos.

Por consiguiente, ya que es posible mediante nuestra propia voluntad cortar los deseos de los ojos, no debemos ver, escuchar o pensar nada que no pertenezca a la verdad. Además cuando vemos, escuchamos y pensamos solo la verdad y solo tenemos buenos pensamientos, podemos desechar los deseos de los ojos por completo.

Abstenerse del orgullo de esta vida

El orgullo de esta vida es la naturaleza de jactarse de uno mismo. Es entregarse a los placeres físicos de este mundo, para de esta manera satisfacer los deseos de la carne y los deseos de los ojos, y hacer alarde de los logros delante de otras personas. Si nosotros tenemos este tipo de naturaleza, nos gloriaremos de la riqueza, el honor, el conocimiento, los talentos, las apariencias y así por el estilo, para darnos a conocer y ganar la atención de las demás personas.

Santiago 4:16 dice: *"Pero ahora os jactáis en vuestras soberbias. Toda jactancia semejante es mala"*. El jactarnos no traerá beneficios en absoluto a nuestras vidas. Por consiguiente, como 1 Corintios 1:31 dice: *"El que se gloría, gloríese en el Señor"*; debemos gloriarnos solo en el Señor para darle a Dios la gloria.

El gloriarse en el Señor es gloriarse de las respuestas, bendiciones y gracia de parte de Dios, y del reino de los cielos. Es para darle la gloria a Dios y para sembrar fe y esperanza en los oyentes para que de esta manera tengan anhelo por las cosas espirituales.

Sin embargo algunas personas dicen gloriarse en el Señor, pero de manera que quieren ser exaltados por ello. En este caso, no pueden cambiar a las demás personas. Por consiguiente, debemos examinarnos a nosotros mismos en todas las cosas para que el orgullo de esta vida no venga sobre nosotros (Romanos 15:2).

Convertirse en un hijo espiritual

Había una vez un niño en un pueblo pequeño de EE. UU. Debido a que su clase de escuela dominical era muy pequeña, comenzó a orar a Dios que le diera un aula más grande. Incluso después de varios años no hubo respuesta, entonces comenzó a escribirle cartas a Dios diariamente.

No obstante, antes de que cumpliera diez años, el niño falleció. Mientras su madre estaba revisando las cosas que le pertenecían a su hijo, halló un fajo grueso de cartas que le había escrito a Dios. Luego ella se las mostró al pastor, quien fue profundamente conmovido por las cartas y habló de ellas en su sermón.

Esta noticia se difundió a muchos lugares y comenzó a llegar una gran cantidad de ofrendas de todas partes; pronto fue más que suficiente para construir una nueva iglesia. Luego de esto, se estableció una escuela primaria y un colegio con su nombre; después de ello, una universidad. Este fue el resultado de la fe inocente de un niño quien creyó que Dios es Aquel quien nos dará lo que le pidamos.

En Mateo 18 los discípulos le preguntaron a Jesús quién es el mayor en el reino de los cielos. Jesús les respondió: *"Así que, cualquiera que se humille como este niño, ése es el mayor en el reino de los cielos"*. Delante de Dios, sin importar la edad, todos debemos tener el corazón de un niño.

Los niños son inocentes y puros, por lo tanto aceptan todas las cosas tal cual se las enseñan. De igual manera, solo cuando creemos y obedecemos la Palabra de Dios tal como la escuchamos y la aprendemos, podremos entrar al reino de los cielos.

Por ejemplo: la Palabra de Dios dice: "Orad sin cesar", entonces debemos hacerlo continuamente sin poner ninguna excusa. Dios nos dice que siempre estemos regocijados, por lo tanto, debemos esforzarnos por regocijarnos sin pensar: "¿Cómo puedo regocijarme cuando tengo tantas cosas que entristecen en mi vida?" También nos habla acerca de no odiar, por ello debemos amar incluso a nuestros enemigos sin poner ninguna excusa.

Así también, si tenemos el corazón de un niño, debemos arrepentirnos rápidamente de lo malo que hemos hecho e intentar vivir por medio de la Palabra de Dios.

Pero si una persona está manchada por las cosas de este mundo y pierde su inocencia, será una persona insensible incluso después de haber pecado. Este tipo de persona condena a los demás, difunde las faltas y errores de los demás, dice mentiras de todo tipo, pero nunca se da cuenta que está haciendo cosas malas.

Además, menosprecia a las personas, trata de ser servido y, si algo no es beneficioso para esta persona, se olvida de la gracia que una vez recibió. Sin embargo, ni siquiera tendrá conciencia de su culpa. Debido a que tiene un mayor deseo de buscar su propio beneficio, actuará de tal manera para conseguirlo.

Pero al estar en la verdad, si llegamos a ser hijos espirituales, reaccionaremos de manera sensible acerca de lo bueno y lo malo. Si vemos algo bueno seremos conmovidos fácilmente y derramaremos lágrimas, pero sentiremos odio y repudio si vemos algo malo.

Incluso si las personas dicen que no es algo malo, si Dios dice que sí lo es, lo odiaremos en nuestro corazón e intentaremos no cometer ningún pecado.

Además, un niño no es arrogante, por lo que no insiste en su propia opinión, simplemente acepta lo que las personas le enseñan. De igual manera, un hijo espiritual no insiste en su arrogancia o trata de sobresalir. Los escribas y fariseos en el tiempo de Jesús juzgaron y condenaron a los demás diciendo que ellos sí conocían la verdad; pero un hijo espiritual no hará algo así sino que actuará con humildad y amabilidad como lo hizo nuestro Señor.

Por consiguiente, un hijo espiritual no insiste en que está en lo correcto cuando escucha la Palabra de Dios. Aunque exista algo que no esté de acuerdo con su conocimiento o algo que no comprenda, no juzga ni malinterpreta las cosas, sino que primeramente cree y obedece. Cuando escucha acerca de las obras de Dios, no muestra orgullo ni arrogancia, sino que incluso anhela experimentar el mismo tipo de obras en su vida.

Si nosotros llegamos a ser hijos espirituales, podremos creer y obedecer la Palabra de Dios tal como es. Si encontramos algún pecado de acuerdo a la Palabra, intentaremos cambiar nuestras vidas.

Pero en algunos casos, las personas llevan vidas cristianas por mucho años y simplemente acumulan la Palabra de Dios como mero conocimiento y sus corazones llegan a ser como el de un adulto. Primeramente recibieron la gracia de Dios, se arrepintieron y ayunaron para abstenerse de los pecados que hallaron en sus vidas, pero luego se volvieron insensibles.

Cuando escuchan la Palabra de Dios dicen: "Yo ya sé esto". O simplemente obedecen las cosas que son de beneficio para ellos y las cosas con las cuales están de acuerdo. Juzgan y condenan a los demás con la palabra que conocen.

Por consiguiente, para ser pobres de espíritu, debemos siempre hallar la maldad en nosotros a través de la Palabra, abstenernos mediante la oración ferviente y llegar a ser hijos espirituales. Solo así podremos disfrutar todas las bendiciones que Dios ha preparado para cada uno de nosotros.

Bendiciones para poseer el eterno reino de los cielos

Entonces, especialmente ¿qué tipo de bendiciones recibirán aquellos que son pobres en espíritu? En Mateo 5:3 leemos: *"Bienaventurados los pobres en espíritu, porque de ellos es el reino de los cielos"* y, como dice, recibirán bendiciones eternas y verdaderas, es decir, recibirán el reino de los cielos.

El reino de los cielos es donde los hijos de Dios morarán; es un espacio espiritual que no se puede comparar con este mundo. De igual manera que los padres esperan el nacimiento de su bebé y preparan todas las cosas como los juguetes y el cochecito para el bebé, Dios está preparando el reino de los cielos para aquellos que son pobres en espíritu, quienes abren sus corazones y aceptan el evangelio para convertirse en Sus hijos.

Tal como Jesús dijo en Juan 14:2: *"En la casa de mi Padre muchas moradas hay..."*, existen muchas moradas en el reino de los cielos. De acuerdo a cuánto amemos a Dios y vivamos por medio de Su Palabra para guardar nuestra fe, la morada en el cielo será diferente.

Si alguien es pobre en espíritu, pero simplemente se queda en el nivel de haber aceptado a Jesucristo y recibir salvación, irá al Paraíso y vivirá allí por siempre. No obstante, mientras una persona sigue con su vida en Cristo y cambia a través de la Palabra de Dios, entonces se le dará el primero, segundo y tercer reino de los Cielos. Además de ello, quien haya alcanzado la santificación del corazón y sido fiel en toda la casa de Dios, recibirá la morada más hermosa, la Nueva Jerusalén, para disfrutar bendiciones eternas.

Consulte por favor en los libros *Cielo I y Cielo II* acerca de las moradas y la vida feliz en el reino de los cielos. En este caso, permítame presentarle solo un poco de la vida en la Nueva Jerusalén.

En la ciudad de la Nueva Jerusalén, donde brilla la luz de la gloria de Dios, el sonido de la alabanza de los ángeles apenas se escucha. Un camino de oro se extiende entre los edificios construidos con oro y piedras preciosas que dan luces brillantes. Perfectamente diseñada con campos verdes, prados, árboles y flores hermosas bien entrelazadas.

El río del agua de vida, el cual es claro y cristalino, fluye tranquilamente. Bellas playas doradas se encuentran en las riberas de los ríos. Sobre las bancas de oro se encuentran canastas que contienen frutas del árbol de la vida. A la distancia uno puede ver el mar que es como un espejo. Sobre el mar se encuentra un crucero espléndido que es hecho con varios tipos de piedras preciosas.

Las personas que ingresan a este lugar son atendidas por numerosos ángeles y disfrutan de la autoridad de un rey. Pueden volar hacia el cielo viajando en deslumbrantes nubes en forma de automóviles. Siempre pueden ver al Señor desde muy cerca y disfrutar de banquetes celestiales con profetas famosos.

Adicionalmente, en la Nueva Jerusalén existen innumerables cosas valiosas y hermosas que podemos ver en este mundo. En cada rincón existe tal serenidad que cautiva los sentidos.

Por consiguiente, no debemos permanecer en el nivel en el que apenas se recibe la salvación, sino tener más del espíritu pobre y nosotros mismos cambiar por completo con la Palabra, para que podamos entrar en la ciudad de la Nueva Jerusalén, la morada más hermosa en el cielo.

La cercanía de Dios es nuestra bendición

Cuando llegamos a ser pobres en espíritu, no simplemente tenemos un encuentro con Dios y recibimos salvación, sino que también recibimos la autoridad como hijos de Dios y otras bendiciones. Permítame presentarle el testimonio de uno de los ancianos de la iglesia. El había sufrido de enfermedades por la contaminación o también conocido como 'enfermedad de peligro para la salud pública', pero recibió las bendiciones de ser pobre en espíritu.

Hace aproximadamente diez años atrás, tuvo que tomar un descanso temporal de su trabajo debido a su enfermedad. En muchas ocasiones tuvo ganas de acabar con su vida debido a la sensación de gran impotencia que tenía. Ya que no podía ver ninguna luz de esperanza y sabiendo que no podía hacer nada por sus propias fuerzas, tuvo un espíritu pobre.

Mientras tanto, fue a una librería y, por casualidad, un libro llamó su atención; este era el libro *Gozando de la Vida Frente a la Muerte*. Este libro trata acerca de mi testimonio y memorias. Anteriormente yo era un ateo, y me encontraba divagando por el umbral de la muerte debido a un largo período de siete años de enfermedades que no podían ser curadas por ningún método humano. No obstante, Dios vino a mi vida y tuve un encuentro con Él.

Este hombre sintió que mi vida era muy parecida a la suya, y compró el libro con la sensación de que estaba siendo atraído por algún tipo de fuerza. Este hombre leyó todo el libro durante la noche y derramó muchas lágrimas. Tuvo la convicción de que él también podía ser sanado y se registró en nuestra iglesia.

Desde ese entonces fue sanado de su peculiar enfermedad a través del poder de Dios y pudo regresar a su trabajo. Él ha sido elogiado por una gran cantidad de colegas y por sus superiores, y ha recibido la bendición de ser ascendido en su trabajo. Además de esto, ha evangelizado a más de setenta personas entre sus familiares. ¡Cuán grandes serán las recompensas celestiales!

Salmos 73:28 dice: *"Pero en cuanto a mí, el acercarme a Dios es el bien; he puesto en Jehová el Señor mi esperanza, para contar todas tus obras"*.

Si hemos tomado la primera bendición entre las Bienaventuranzas al estar cerca de Dios, deberíamos llegar a ser hijos más espirituales, amar a Dios de manera más apasionada y predicar el evangelio a aquellos que son pobres en espíritu. Es mi anhelo que usted pueda poseer las Bienaventuranzas y bendiciones que el Dios de amor ha preparado para usted.

Capítulo 2
La segunda bendición

Bienaventurados los que lloran, porque ellos recibirán consolación

Mateo 5:4

"Bienaventurados los que lloran,
porque ellos recibirán consolación".

Existían dos amigos que se amaban mucho; se preocupaban y se querían tanto él uno al otro que incluso podían sacrificar sus vidas para salvarse mutuamente. Sin embargo, un día uno de ellos murió en una batalla; aquel que quedó vivo lloró y se lamentó hasta la noche, extrañando a su amigo que había muerto.

"Angustia tengo por ti, hermano mío Jonatán, que me fuiste muy dulce. Más maravilloso me fue tu amor que el amor de las mujeres".

Este hombre tomó el hijo de su amigo y lo cuidó como si fuera su propio hijo. Esta es la historia de David y Jonatán, la cual encontramos en 2 Samuel capítulo 1.

Mientras estamos viviendo en este mundo, quizás enfrentemos muchas cosas tristes como la muerte de un ser querido, dolores por las enfermedades, problemas de la vida y financieros, y así por el estilo. No exagero cuando digo que la vida es la continuación de la tristeza.

El llanto carnal no es la voluntad de Dios

En la historia de la humanidad encontramos guerras, terrorismo, hambruna y otros desastres que han sucedido a grandes escalas a nivel de toda una nación. Además hay muchas cosas tristes y problemas que suceden a nivel individual.

Por ello, algunas personas pasan tristeza debido a problemas financieros, y otros sufren por el dolor de las enfermedades.

Otros tienen el corazón destrozado porque sus planes no se concretan y otras personas lloran lágrimas de amargura por haber sido engañados por sus seres queridos.

Este tipo de llanto causado por acontecimientos dolorosos es llanto carnal que proviene de las malas emociones de una persona, y nunca es la voluntad de Dios. Este tipo de duelo o llanto carnal no puede ser consolado por Dios.

Al contrario, la Biblia nos dice que la voluntad de Dios es que siempre estemos regocijados (1 Tesalonicenses 5:16). Además, Dios nos dice en Filipenses 4:4: *"Regocijaos en el Señor siempre. Otra vez digo: ¡Regocijaos!"* Muchos versos en la Biblia nos dicen que debemos regocijarnos.

Posiblemente algunos se pregunten: "Puedo regocijarme cuando tengo algo por lo cual regocijarme, pero cuando sufro de tantos problemas, dolores y dificultades… ¿cómo puedo regocijarme?"

Sin embargo, podemos regocijarnos y dar gracias porque nos hemos convertido en hijos de Dios que son salvos y hemos recibido la promesa del reino celestial. Además de ello, como hijos de Dios, cuando le pidamos algo a Él, nos escuchará y solucionará nuestros problemas. Ya que creemos en este hecho, podemos seguramente regocijarnos y dar gracias.

Ahora quiero contarle la historia del Rev. Dr. Myong-ho Cheong, quien es un misionero de nuestra iglesia para África, y ha predicado el evangelio en muchas reuniones en cincuenta y cuatro países africanos. Hace diez años atrás él renunció a su trabajo como profesor de colegio y viajó a África para realizar la obra como misionero. Luego de poco tiempo, su único hijo murió.

Muchos miembros de la iglesia lo consolaron, sin embargo, él solo le dio gracias a Dios, y al contrario, fue él quien consoló a los miembros de la iglesia. Él estaba agradecido porque Dios había llevado a su hijo al reino de los cielos donde no hay lágrimas, sufrimiento, dolor ni enfermedades, y pudo regocijarse porque tenía la esperanza de ver nuevamente a su hijo en el Cielo.

De igual manera, si poseemos fe, no tendremos duelo carnal y seremos incapaces de vencer nuestras emociones de tristeza causadas por algunas situaciones tristes; más bien, podremos regocijarnos en cualquier situación.

Incluso si encontramos algún problema, si damos gracias y oramos con fe, Dios obra al ver nuestra fe; obrará para el bien de todas las cosas, de esta manera, las situaciones físicamente dolorosas no les afectarán a los verdaderos hijos de Dios.

Dios quiere el llanto espiritual

Lo que Dios quiere no es el llanto carnal sino el llanto espiritual. Mateo 5:4 dice: *"Bienaventurados los que lloran";* en este caso, "lloran" significa llanto espiritual por el reino y la justicia de Dios. Entonces, ¿qué tipo de llanto o duelo espiritual es este?

Primeramente, existe el llanto de arrepentimiento.

Cuando creemos en Jesucristo y lo aceptamos como nuestro Salvador, reconocemos en nuestro corazón por medio de la ayuda del Espíritu Santo, que Él murió en la cruz por nuestros pecados. Al sentir este amor de Jesús, nos arrepentiremos de nuestros pecados con sinceridad, con gemidos y llanto.

Arrepentirse es cambiar nuestra vida de pecado cuando no conocíamos a Dios y vivir por medio de Su Palabra. Cuando tenemos el llanto del arrepentimiento, la carga de nuestro pecado nos será quitada y podremos experimentar gozo sobreabundante en nuestros corazones.

Ya han pasado treinta años, aunque sigo recordando claramente la primera reunión de avivamiento a la que asistí cuando conocí a Dios. En ese entonces, tenía tanto llanto de arrepentimiento con lágrimas y gemidos al escuchar la Palabra de Dios.

Antes de conocer a Dios me sentía una persona orgullosa por haber llevado una buena vida de rectitud, pero al escuchar la Palabra de Dios y examinar mi vida pasada, me di cuenta que en mí existían muchas cosas pertenecientes a la falsedad. Cuando quebranté mi corazón en arrepentimiento, mi cuerpo se sintió tan liviano y lleno de energía, como si estuviera volando. Además de ello obtuve confianza para creer que podía vivir por medio de la Palabra de Dios. A partir de ese instante yo dejé de fumar y tomar bebidas alcohólicas, y comencé a leer la Biblia y asistir a la reunión de oración a la madrugada.

Incluso después de recibir esta gracia del llanto de arrepentimiento, quizás tengamos otras cosas por las cuales llorar en nuestras vidas cristianas. Una vez que nos hemos convertido en hijos de Dios, debemos abstenernos de los pecados y vivir un vida que esté de acuerdo a la Palabra de Dios. Sin embargo, a menos que alcancemos una medida de fe madura, todavía no seremos perfectos y a veces cometeremos pecados.

En esta situación, si amamos a Dios, nos sentiremos muy apenados delante de Él y nos arrepentiremos por completo mediante la oración: "Dios, ayúdame para que este tipo de cosas no vuelvan a suceder, y dame la fuerza para poner en práctica Tu Palabra". Cuando tenemos este tipo de llanto, la fuerza para abstenernos de los pecados vendrán de lo alto. De esta manera, ¡cuán bendecido es llorar!

Algunos creyentes repetidamente cometen el mismo pecado, y una y otra vez se arrepienten. En este caso el cambio es muy lento, o definitivamente no hay cambio. Esto es porque realmente no se arrepienten desde lo más profundo de sus corazones, a pesar de que digan que han llorado de arrepentimiento.

Supongamos que una persona joven sale con malos amigos y hace muchas cosas malas, luego le pide perdón a sus padres, pero continúa haciendo lo mismo; en realidad no es verdadero arrepentimiento. Lo que debe hacer es cambiar, dejar de salir con malos amigos y esforzarse mucho en sus estudios. Solo así puede considerarse como verdadero arrepentimiento.

Así mismo, no debemos seguir cometiendo el mismo pecado y arrepentirnos solo con palabras, sino producir el fruto de arrepentimiento al hacer las cosas correctamente (Lucas 3:8).

Además, mientras nuestra fe crece y llegamos a ser líderes en la iglesia, no debemos llorar de arrepentimiento por más tiempo. Esto no quiere decir que no debemos llorar después de haber cometido algún pecado, sino que debemos abstenernos del pecado para que no tengamos nada de qué llorar.

Cuando no cumplimos con nuestras responsabilidades también debemos llorar con arrepentimiento. En 1 Corintios 4:2 leemos: *"Ahora bien, se requiere de los administradores, que cada uno sea hallado fiel"*. De esta manera, debemos ser fieles y producir buen fruto en nuestras responsabilidades. Si no lo hacemos, debemos tener el llanto de arrepentimiento.

Algo importante aquí es que si nosotros no nos arrepentimos y cambiamos cuando no cumplimos con nuestras responsabilidades, eso puede convertirse en un muro de pecado en contra de Dios, y consecuentemente no seremos protegidos por Él. Es algo así como un niño mayor actuando como un bebé, por lo que todo el tiempo debe ser regañado.

Pero si nos arrepentimos y lloramos desde lo profundo de

nuestros corazones, el gozo dado por Dios y la paz vendrán a nuestras vidas. Dios también nos dará la confianza de que podemos hacerlo, y la fortaleza para cumplir con nuestras responsabilidades. Este es el consuelo que Dios da a aquellas personas que lloran.

Luego, existe el llanto por los hermanos en la fe.

A veces, los hermanos en la fe cometen pecados que los llevan por el camino de muerte. En este caso, si tenemos misericordia, sentiremos la ansiedad y la preocupación por aquellos hermanos. Por lo tanto, lloraremos como si fuera nuestro propio asunto. Además, nos arrepentiremos a nombre de ellos y oraremos con amor para que puedan actuar mediante la verdad.

Podemos tener ese tipo de llanto y oración ferviente de arrepentimiento a nombre de ellos cuando tenemos verdadero amor por estas almas. Dios se deleita con este tipo de oración con llanto y nos da Su consuelo.

Por el contrario, existen personas que juzgan y condenan a los demás y les hacen pasar momentos difíciles en vez de llorar y orar por estas personas. Además, algunos difunden las iniquidades de otras personas, lo cual es incorrecto a los ojos de Dios. Lo que debemos hacer es cubrir las faltas de las personas con amor, y orar por ellos para que no cometan pecados.

El martirio de Esteban se registra en Hechos 7. Los judíos se habían ofendido por el mensaje que Esteban predicó. Cuando él dijo que sus ojos espirituales estaban abiertos y vio al Señor Jesús parado a la diestra de Dios, lo apedrearon hasta la muerte.

A pesar de que él estaba siendo apedreado, oró con amor por aquellas personas malas que lo estaban apedreando.

> *"Y apedreaban a Esteban, mientras él invocaba y decía: Señor Jesús, recibe mi espíritu. Y puesto de rodillas, clamó a gran voz: Señor, no les tomes en cuenta este pecado. Y habiendo dicho esto, durmió"* (Hechos 7:59-60).

¿Cuáles fueron las acciones semejantes a las del Señor? Él recibió toda burla y persecución cuando fue crucificado, no obstante, oró por aquellos que lo estaban crucificando de la siguiente manera: *"Padre, perdónalos, porque no saben lo que hacen"* (Lucas 23:34).

Mientras llevaba el dolor de la cruz, a pesar de que era totalmente inocente, oró para que los pecados de aquellos que lo estaban crucificando fueran perdonados. Por medio de esto, podemos comprender cuán profundo, ancho y grande es el amor de Jesús por las almas. Este es el tipo de corazón apropiado ante los ojos de Dios, es el corazón con el cual podemos recibir bendiciones.

Existe también llanto para salvar a más almas.

Cuando los hijos de Dios ven a aquellos que han sido manchados por los pecados de este mundo y van por el camino de la destrucción, deben poseer compasión amorosa y presentarles la misericordia a dichas personas. En la actualidad, el pecado y la maldad prevalecen al igual que en el tiempo de Noé. Esa generación fue castigada con un diluvio. Sodoma y Gomorra fueron castigadas mediante el fuego.

Por consiguiente, debemos llorar por nuestros padres, hermanos y hermanas, y vecinos que aún no han sido salvos. Además, debemos llorar por nuestra nación y las personas, las iglesias y acerca de los asuntos que perturban el reino de Dios. Esto significa que debemos llorar por la salvación de las almas.

El apóstol Pablo siempre se preocupó por el reino y la justicia de Dios y las almas. Él fue perseguido y atravesó por muchas dificultades mientras predicaba el evangelio. Incluso fue encarcelado. Pero él no lloró por sus problemas personales, sino que alabó y oró a Dios (Hechos 16:25). No obstante, lloró en gran manera por el reino de Dios y las almas.

> *"Y además de otras cosas, lo que sobre mí se agolpa cada día, la preocupación por todas las iglesias. ¿Quién enferma, y yo no enfermo? ¿A quién se le hace tropezar, y yo no me indigno?"* (2 Corintios 11:28-29)

> *"Por tanto, velad, acordándoos que por tres años, de noche y de día, no he cesado de amonestar con lágrimas a cada uno"* (Hechos 20:31).

Cuando los creyentes no se paran firmemente en la Palabra de Dios o cuando la iglesia no revela la gloria de Dios, las personas como Pablo llorarán y se preocuparán por ello.

Además, cuando son perseguidas por el nombre del Señor, no lloran porque les es difícil, sino que lloran por las almas de las demás personas. Asimismo, cuando ellos ven que el mundo se está sumergiendo cada vez más en las tinieblas, lloran y oran para que la gloria de Dios pueda ser revelada en gran manera y para que más almas puedan ser salvas.

La necesidad del amor espiritual para llorar espiritualmente

Ahora, ¿qué debemos hacer para llorar espiritualmente, según lo que Dios quiere? Por sobre todo, para poder llorar espiritualmente debemos tener amor espiritual en nosotros.

Como menciona Juan 6:63, que dice: *"El espíritu es el que da vida; la carne para nada aprovecha",* solo el tipo de amor que Dios reconoce es el que da vida y está dispuesto a guiar a las personas en el camino de la salvación. Incluso si uno parece tener gran cantidad de amor, si el amor está realmente lejos de la verdad, es sólo amor carnal.

El amor puede categorizarse en amor carnal y amor espiritual. El amor carnal es aquel que busca su propio beneficio. Es el tipo de amor que no tiene sentido y que finalmente cambia y perece. Por otra parte, el amor espiritual nunca cambia. Este es el amor dentro de la Palabra de Dios que es la verdad. Este es el amor que busca el beneficio de la otra persona mientras se sacrifica a sí mismo.

El amor espiritual no puede obtenerse por la fuerza de las personas. Solo cuando nos damos cuenta del amor de Dios y nos deleitamos en la verdad podemos dar ese tipo de amor. Si tenemos amor espiritual que puede amar a nuestros enemigos, y dar nuestras vidas por los demás, entonces Dios nos dará bendiciones abundantes. Con este amor podemos dar vida donde quiera que estemos y de esta manera muchas personas regresarán al Señor.

Por consiguiente, cuando tenemos amor espiritual en nuestros corazones, podemos llorar y hacer duelo por las almas que se mueren y orar por ellas. Con este amor, incluso las personas con corazones duros, podrán cambiar y dar vida y fe.

Los patriarcas de la fe que fueron amados por Dios poseían este tipo de amor espiritual, y oraban por las almas que se dirigían al camino de la destrucción, con lágrimas y duelo por el reino de Dios y Su justicia. Ellos no simplemente derramaban lágrimas, sino que se preocupaban por las demás almas día y noche, siendo fieles a las responsabilidades que habían recibido.

Es verdaderamente llanto espiritual solo cuando es seguido por obras de predicación de la Palabra, oración y cuidado de las almas con amor por ellas. Si tenemos amor espiritual, también tendremos llanto espiritual por el reino de Dios y Su justicia.

Entonces, como Mateo 6:33 dice: *"Mas buscad primeramente el reino de Dios y su justicia, y todas estas cosas os serán añadidas"*, el espíritu y el alma cambiarán, se cumplirá con el reino de Dios y otras cosas necesarias serán suplidas abundantemente por el Padre.

Bendiciones dadas a aquellos que lloran

Como leemos en Mateo 5:4: *"Bienaventurados los que lloran, porque ellos recibirán consolación";* si lloramos espiritualmente, seremos consolados por Dios.

El consuelo que Dios nos da es diferente a la consolación que las personas puedan darnos. 1 Juan 3:18 dice: *"Hijitos míos, no amemos de palabra ni de lengua, sino de hecho y en verdad".* Tal como Dios nos ha dicho, Él no nos consuela solo con palabras sino también con cosas materiales.

Para aquellos que son pobres, Dios les da bendiciones financieras. A los que sufren afecciones, Dios les da salud. A los que oran por los deseos de su corazón, Dios les da respuestas.

Además, a los que lloran debido a que no tienen la fuerza suficiente para cumplir con sus responsabilidades, Dios les da la fuerza. Para aquellos que lloran por las almas, Dios les da el fruto del evangelismo y el avivamiento. Además, para aquellos que quebrantan su corazón y lloran para abstenerse de los pecados, Dios les da la gracia del perdón de los pecados. Además, en la medida que ellos se abstengan de sus pecados y se santifiquen,

Dios los bendice para manifestar grandes obras de poder que Dios ha hecho, como en el caso del apóstol Pablo.

Muchos años atrás atravesé por muchas dificultades en las cuales la existencia de esta iglesia se vio amenazada. Tuve que llorar mucho debido a las personas que provocaron pruebas a esta iglesia, y por aquellos miembros que eran inocentes y aún eran perseguidos. Debido a los miembros que tenían fe débil y se fueron de la iglesia, no podía ni siquiera comer y dormir.

Ya que conozco cuán grande es el pecado de causar disturbios en la iglesia de Dios, derramé muchas lágrimas pensando en las almas que habían provocado problemas en la iglesia. En especial cuando vi las almas que simplemente escucharon rumores, dejaron la iglesia y se pusieron en contra de Dios, lloré mucho porque sentía la responsabilidad de no haber cuidado de ellas de manera apropiada.

Perdí mucho peso, que incluso caminar se me hacía algo muy difícil. Aun así, tenía que predicar tres veces a la semana. A veces mi cuerpo temblaba, pero debido a la preocupación por los miembros de la iglesia, tenía que permanecer en mi lugar. Dios, al ver mi corazón, cada vez que oraba me consolaba y me decía: "Yo te amo. Esto en realidad es una gran bendición".

La bendición de recibir el consuelo de Dios

Cuando llegó el momento adecuado, Dios resolvió cada uno

de los malos entendidos, uno a uno; esto sirvió de oportunidad para que los miembros de la iglesia pudieran crecer en fe. Dios comenzó a mostrar obras asombrosas de Su poder las cuales no podían compararse con nada de lo que había acontecido anteriormente. Nos mostró numerosas señales y prodigios, y cosas extraordinarias.

Además rescató a la iglesia del colapso y, en su lugar, trajo bendiciones de avivamiento a la iglesia, y también abrió ampliamente el camino para la obra misionera. En cruzadas en el extranjero envió a cientos, miles y millones de personas a reunirse y escuchar el evangelio y recibir salvación. ¡Este fue un tipo de recompensa y gozo increíbles!

El 'Festival de Oración por Sanidad Milagrosa India 2002', se realizó en la segunda playa más larga del mundo, la Playa Marina en India. A este evento asistieron un número aproximado de más de tres millones de personas. Muchas de las personas fueron sanadas y una gran cantidad de hindúes se convirtieron al cristianismo.

El consuelo de Dios llegó en bendiciones que no podíamos imaginarnos. Él nos dio lo que más necesitábamos y esto fue más que suficiente. También nos dio recompensas en el reino de los cielos, y por consiguiente esto fue bendición verdadera.

Apocalipsis 21:4 dice: *"Enjugará Dios toda lágrima de los ojos de ellos; y ya no habrá muerte, ni habrá más llanto, ni clamor, ni dolor; porque las primeras cosas pasaron".* Como se menciona en este pasaje, Dios nos recompensa con gloria y galardones en el Cielo, donde no hay lágrimas, tristeza ni dolor.

Las casas celestiales de aquellos que siempre lloran y oran por el reino de Dios y Su iglesia, tendrán posesiones de oro, muchas piedras preciosas y otras recompensas. Especialmente estarán decoradas con perlas grandes y brillantes. Hasta que cada perla está formada, la ostra debe soportar dolor y convulsión durante mucho tiempo, luego segrega una sustancia cristalina dando ella misma la forma de una perla.

De la misma manera, mientras nosotros somos cultivados en este mundo, si derramamos lágrimas para cambiar y oramos con llanto por el reino de Dios y otras almas, Él nos consolará con la perla que simboliza todas estas cosas.

Por consiguiente, no lloremos y hagamos duelo de una manera carnal, sino de manera espiritual por el reino de Dios y por otras almas. Al hacer esto, seremos consolados por Dios y además recibiremos recompensas valiosas en el reino de los Cielos.

Capítulo 3
La tercera bendición

Bienaventurados los mansos,
porque ellos recibirán
la tierra por heredad

Mateo 5:5

"Bienaventurados los mansos, porque ellos recibirán la tierra por heredad".

Cuando Lincoln era un abogado desconocido en sus años de juventud, existía un abogado llamado Edwin M. Stanton a quien no le agradaba mucho Lincoln. En una ocasión, se le dijo a Stanton que debía tomar un caso junto a Lincoln, pero él dio un portazo y se fue.

"¿Cómo se supone que voy a trabajar con este abogado del campo?"

Luego de que transcurrió el tiempo, cuando el Presidente Lincoln estaba formando su gabinete, señaló a Stanton como el 27.o Secretario de Guerra de EE. UU. Los asesores de Lincoln estaban sorprendidos, por lo cual le pidieron que reconsiderara su nombramiento. Fue debido a que Stanton en cierta ocasión, de manera pública, criticó a Lincoln diciendo que era un "desastre nacional" que Lincoln haya sido elegido como el presidente.

"¿Cuál es el problema si él incluso me menosprecia? Stanton tiene un gran sentido de responsabilidad y la habilidad para superar situaciones difíciles. Él está más que calificado para ser el Secretario de Guerra".

Lincoln tenía un corazón que era amplio y a la vez manso, por ello pudo comprender y abrazar incluso a una persona que lo había criticado antes. Finalmente, incluso Stanton llegó a respetarlo. Cuando murió señaló de Lincoln lo siguiente: "Lincoln fue el gobernante más perfecto entre los hombres que el mundo haya visto".

De igual manera, en vez de evitar y tener antipatía con una

persona a la que no le somos de agrado, provocar que cambie y manifestar sus puntos positivos es demostrar un corazón bueno y gentil.

Mansedumbre espiritual reconocida por Dios

Generalmente, las personas dicen que ser introvertido, tímido, humilde y tener un temperamento blando y suave es ser alguien manso. Sin embargo, Dios dice que aquellos que son mansos con virtud son realmente mansos.

En este caso 'virtud' significa 'cosas que son correctas, apropiadas y de un corazón recto'. Tener virtud en Dios es actuar de manera recta; ejercitando control con otras personas, poseer dignidad y estar equipado en todos los aspectos.

Mansedumbre y virtud parecen ser lo mismo, pero existe una diferencia clara. La mansedumbre es más hacia el interior, mientras que la virtud es como la ropa por fuera. Incluso si alguien es una gran persona, si no se viste con ropa apropiada, hará decaer su proyección de elegancia y dignidad. De manera similar, si usted no posee virtud junto con mansedumbre, no puede ser perfecto. Además, aunque parezca que tengamos virtud, si dentro de nosotros no poseemos mansedumbre, no tiene valor; es como la cáscara de una nuez sin nada por dentro.

La mansedumbre espiritual que es reconocida por Dios no es simplemente tener un carácter suave, sino también poseer virtud.

Entonces podremos tener un corazón amplio para abrazar a muchas personas, como un árbol grande que da sombra para que las personas puedan descansar.

Debido a que Jesús era una persona amable, Él no peleó ni gritó, no hacía escándalo en las calles. Trataba a las buenas y malas personas con el mismo corazón, por lo tanto, muchas personas lo seguían.

Virtud para abrazar a muchas personas

En la historia de Corea había un rey que tenía un carácter manso. Este rey se llamaba Sejong el Grande. Él no solo tenía un carácter manso sino que también poseía virtud, y era amado por sus ministros y demás personas. En su momento, existían grandes eruditos como Hwang Hee y Maeng Sa Sung. Lo más importante de todo fue que tuvo el hecho notable de crear el 'Hangeul', el alfabeto coreano.

Reformó el sistema médico y la tecnología de la impresión. Designó a muchos tipos de personas en varias áreas, incluyendo la música y la ciencia, y alcanzó logros culturales espléndidos. Con esto usted puede ver que si alguien posee mansedumbre junto a la virtud, muchas personas pueden 'descansar' en dicha persona y además el fruto es bello.

Las personas que son mansas pueden abrazar incluso a los demás que tienen ideas y educación diferentes, y no juzgan ni condenan con maldad en ningún asunto, sino que pueden llegar a comprender las cosas desde el punto de vistas de las demás personas en cualquier situación. Sus corazones pueden ser descritos como suaves y confortables, lo suficiente como para servir a las personas en humildad.

Si arrojamos una piedra a una pieza de metal duro, hará mucho ruido. Si arrojamos una piedra a un vidrio, este se hará pedazos. Por otro lado, si arrojamos una piedra a un manojo de algodón, no se romperá ni tampoco hará ruido ya que el algodón 'abrazará' la piedra.

De igual manera, quien es manso no dejará a un lado a aquellos que son débiles en la fe y actúan con maldad, sino que esperarán hasta el final para que cambien y luego los guían hacia lo mejor. Sus palabras no serán fuertes o aplastantes, sino suaves y mansas. Tampoco dirá palabras sin sentido sino las pertenecientes a la verdad, que sean necesarias.

Incluso si otras personas lo odian, él no se ofenderá ni tendrá malos sentimientos en contra de dichas personas. Cuando recibe un consejo o una reprimenda, lo acepta con gozo para mejorar. Este tipo de persona no tendrá problemas con nadie. Podrá comprender los defectos de los demás y abrazarlos, por lo que se ganará el corazón de muchas personas.

Cultivar el corazón y hacerlo buena tierra

Para que nosotros podamos tener mansedumbre espiritual,

debemos intentar cultivar la tierra de nuestro corazón de manera diligente. En Mateo 13, Jesús nos dio la parábola de los cuatro tipos diferentes de tierra, comparándolo con nuestro corazón.

En la tierra junto al camino, cada semilla que cae en ese lugar no podrá germinar ni echar raíces. Un corazón semejante a este tipo de tierra no tendrá fe, ni siquiera después de escuchar la Palabra de Dios. Alguien con este tipo de corazón es terco; no abre su corazón incluso después de escuchar la verdad, por lo que no puede tener un encuentro con Dios. Aunque asista a la iglesia, es simplemente un feligrés. La Palabra no es sembrada en su vida por lo que su fe no puede florecer, echar raíces ni crecer.

Puede ser que las semillas que caen en los pedregales germinen, pero no pueden producir su fruto por causa de los pedregales. Alguien con este tipo de corazón no tiene seguridad de su fe, incluso después de escuchar la Palabra. Cuando es probado, fracasa y falla. Él conoce a Dios y además recibe la llenura del Espíritu, por lo que es incluso mejor que la tierra junto al camino. Sin embargo, como su corazón no puede ser cultivado en la verdad, éste se marchita y muere, y no hay obras que sigan a la cultivación.

En la tierra donde hay espinos, la semilla puede germinar y crecer, pero debido a los espinos no puede producir frutos. Alguien con este tipo de corazón tiene sus deseos, tentaciones por el dinero, preocupaciones de este mundo y sus propios planes y pensamientos, por lo que no puede experimentar el poder de

Dios en todos los asuntos.

En la buena tierra la semilla puede crecer y producir frutos al treinta, sesenta o cien por ciento más que lo que originalmente fue sembrado. Las personas con este tipo de corazón obedecerán solo con 'Sí' y 'Amén' a la Palabra de Dios que escuchen, por lo que pueden producir fruto abundante en cada asunto de la vida. Este es el tipo de corazón de la bondad que Dios desea.

Examinemos ahora qué tipo de corazón tenemos. Por supuesto que es difícil hacer una distinción exacta entre los diferentes corazones, ya sea el del junto al camino, el de pedregales, el de espinos o el de buena tierra, como si los estuviéramos pesando con una balanza. El de 'junto al camino' también puede tener pedregales, y aunque tenga algo de buena tierra, las falsedades que son como los pedregales, pueden ingresar a nuestro corazón mientras crecemos.

No obstante, dependiendo del tipo de tierra del corazón que tengamos, si lo cultivamos de manera diligente, podremos hacer que sea buena tierra. De manera similar, en lugar de la clase de corazón que tenemos, lo más importante es cómo tratamos de cultivar nuestro corazón diligentemente.

Así como los granjeros sacan las piedras, los espinos y fertilizan la tierra para hacerla buena al tener esperanzas por una cosecha abundante, si removemos toda forma de maldad como las enemistades, la envidia, los celos, las rencillas, el juicio y la condenación de nuestros corazones, podremos tener buena tierra en nuestros corazones, que sea rica en bondad y mansa en carácter.

Orar con fe hasta el final y abstenerse de la maldad

Para que podamos cultivar nuestros corazones, en primer lugar, debemos adorar en espíritu y en verdad para escuchar la palabra y entenderla. Además, incluso en dificultades, siempre debemos regocijarnos, continuamente orar y dar gracias en todo tipo de circunstancia junto al esfuerzo de abstenernos de la maldad en nuestros corazones.

Si clamamos por la fortaleza de Dios por medio de la oración ferviente e intentamos vivir por medio de la palabra, entonces, podemos recibir la gracia y fortaleza de Dios y la ayuda del Espíritu Santo, para que así rápidamente podamos abstenernos de la maldad.

Incluso si la tierra es en realidad buena, si no sembramos las semillas y no cuidamos la cosecha, entonces no podremos cosechar nada. De igual manera, la cosa más importante es que no debemos intentar una o dos veces y luego detenernos, sino orar con fe hasta el final. Ya que la fe es la sustancia de las cosas que esperamos (Hebreos 11:1), debemos intentar diligentemente y orar con fe. Solo así podremos cosechar en abundancia.

Además, en el proceso de abstenerse de toda forma de maldad en nuestros corazones, puede ser que pensemos que nos hemos abstenido de la maldad hasta cierto punto, pero quizás parezca que la maldad sigue surgiendo. Es similar a cuando pelamos las cebollas. Incluso después de pelar las capas un par de veces, sigue teniendo el mismo tipo de capa. Si no nos damos por vencidos sino que seguimos absteniéndonos de la maldad hasta el final, al final tendremos corazones mansos, sin maldad en ellos.

Mansedumbre de Moisés

Mientras Moisés estaba guiando a los israelitas a la tierra de Canaán durante los cuarenta años del Éxodo, él se topó con muchas situaciones difíciles. Solo entre los hombres había 600.000 de ellos. Incluyendo a las mujeres y los niños, el número debe haber superado los dos millones de personas. Tuvo que guiar a tantas personas durante cuarenta años en el desierto donde no había ni comida ni agua. Podemos imaginarnos cuántos obstáculos difíciles pudo haber tenido para superar.

Estaba el ejército de Egipto tras ellos persiguiéndolos (Éxodo 14:9) y al frente del pueblo se encontraba el mar Rojo. No obstante, Dios abrió el mar Rojo para que ellos pudieran cruzar en tierra seca (Éxodo 14:21-22).

Cuando ya no tuvieron agua para beber, Dios hizo que el agua saliera de una roca (Éxodo 17:6). Además de eso, Dios transformó el agua amarga en agua dulce (Éxodo 15:23-25). Cuando ya no había alimento, Dios hizo descender el maná y las golondrinas para alimentarlos (Éxodo 14-17).

Aun cuando fueron testigos del poder del Dios viviente, los israelitas se quejaron en contra de Moisés cada vez que enfrentaban alguna dificultad.

"Y les decían los hijos de Israel: Ojalá hubiéramos muerto por mano de Jehová en la tierra de Egipto, cuando nos sentábamos a las ollas de carne, cuando comíamos pan hasta saciarnos; pues nos habéis sacado a este desierto para matar de hambre a toda esta multitud" (Éxodo 16:3).

"Así que el pueblo tuvo allí sed, y murmuró contra Moisés, y dijo: ¿Por qué nos hiciste subir de Egipto para matarnos de sed a nosotros, a nuestros hijos y a nuestros ganados?" (Éxodo 17:3)

"Y murmurasteis en vuestras tiendas, diciendo: Porque Jehová nos aborrece, nos ha sacado de tierra de Egipto, para entregarnos en manos del amorreo para destruirnos" (Deuteronomio 1:27).

Incluso algunos de ellos intentaron apedrear a Moisés. Pero él tuvo que permanecer con este tipo de personas durante cuarenta años, enseñándoles la verdad y guiándolos a la tierra de Canaán. Solo con este hecho podemos imaginarnos el nivel de mansedumbre que él tenía.

Es por ello que Dios lo elogia en Números 12:3 diciendo: *"Y aquel varón Moisés era muy manso, más que todos los hombres que había sobre la tierra".*

Ahora, esto no significa que Moisés tenía tal mansedumbre desde el comienzo. Él tuvo el temperamento para matar a un egipcio que estaba abusando de un hebreo; también tenía mucha confianza en sí mismo por haber sido príncipe de Egipto. Sin embargo, se humilló y se rebajó a sí mismo por completo mientras cuidaba del rebaño en el desierto de Madián durante cuarenta años.

Debido a que había matado a un egipcio, tuvo que dejar el palacio del Faraón y convertirse en un fugitivo. Finalmente llegó a darse cuenta de que no podía hacer nada por sus propias fuerzas mientras estaba viviendo en el desierto. No obstante, luego de transcurrir su tiempo de refinamiento, se convirtió en una persona muy mansa con la capacidad de abrazar a todas las personas.

Diferencia entre la mansedumbre espiritual y la mansedumbre carnal

Normalmente, aquellos que son mansos en un sentido carnal, son un poco tímidos en carácter. No quieren escuchar ningún tipo de ruido o sonidos de cosas que se estrellan.

Por lo tanto, podemos ver que son un tanto indecisos, incluso con cosas que pertenecen a la falsedad. Cuando enfrentan situaciones incómodas, pueden reprimirlas en su interior, aunque sufren en su corazón. Cuando una situación excede el límite de lo que pueden tolerar, es posible que exploten y sorprendan a muchos. Además, en sus responsabilidades no tienen la pasión de ser fieles, por lo que al final no producen ningún fruto.

De esta manera, ser tímido e introvertido en carácter no es el tipo de mansedumbre con la cual Dios se deleita. Puede ser que las personas crean que esto es mansedumbre, pero a los ojos de Dios, quién escudriña los corazones, este carácter no puede ser reconocido como mansedumbre.

Sin embargo, aquellos que alcanzan la mansedumbre espiritual del corazón al abstenerse de las falsedades del corazón, producirán fruto abundante en diferentes aspectos del evangelismo y el avivamiento, al igual que la buena tierra que puede producir una cosecha abundante.

Además, espiritualmente, ellos producirán el fruto de la Luz (Efesios 5:9), frutos del amor espiritual (1 Corintios 13:4-7), y los frutos del Espíritu Santo (Gálatas 5:22-23). De esta manera, llegan a ser personas del espíritu, por lo que rápidamente reciben respuestas a sus oraciones.

Por sobre todas las cosas, aquellos que son espiritualmente mansos son fuertes y valientes en la verdad. Cuando tienen que enseñar con la verdad, puede ser duros en la enseñanza. Cuando ven a las almas que cometen pecados delante de Dios, pueden también tener la fortaleza y la audacia para reprender y corregir con amor a cualquiera.

Por ejemplo: Jesús es el más manso de todos, pero entre las

cosas que no son correctas de acuerdo a la verdad, Él reprendió a las personas con dureza, como cuando no toleró que profanaran el Templo de Dios.

> *"Y halló en el templo a los que vendían bueyes, ovejas y palomas, y a los cambistas allí sentados. Y haciendo un azote de cuerdas, echó fuera del templo a todos, y las ovejas y los bueyes; y esparció las monedas de los cambistas, y volcó las mesas; y dijo a los que vendían palomas: Quitad de aquí esto, y no hagáis de la casa de mi Padre casa de mercado"* (Juan 2:14-16).

También reprendió duramente a los fariseos y escribas que enseñaban mentiras y estaban en contra de la Palabra de Dios (Mateo 12:34; 23:13-35, Lucas 11:42-44).

Nivel de la mansedumbre espiritual

Algo que debemos tener presente es que existe la mansedumbre en el amor espiritual en 1 Corintios 13, y además mansedumbre espiritual que está entre los nueve frutos del Espíritu Santo en Gálatas 5.

Entonces, ¿en qué se diferencia de la mansedumbre en las Bienaventuranzas? Por supuesto, estas tres cosas no son completamente diferentes. El significado básico es ser suave y apacible mientras se tiene amor y virtud. Sin embargo, la profundidad y la anchura de cada uno es diferente.

Primeramente, la mansedumbre en el amor espiritual es el nivel más básico de mansedumbre para alcanzar el amor. La mansedumbre en los nueve frutos del Espíritu Santo tienen un sentido más amplio; es la mansedumbre en cada aspecto.

La mansedumbre en los frutos del Espíritu es lo que nace como fruto en el corazón, y cuando este fruto se pone en efecto y trae bendiciones, esto es la mansedumbre en las Bienaventuranzas.

Por ejemplo: podemos decir que cuando tenemos abundantes frutos preciosos en un árbol, los llamamos 'los frutos del Espíritu Santo', pero cuando tomamos esos frutos para beneficio de nuestro cuerpo, es el fruto en las Bienaventuranzas. Por consiguiente, podemos decir que la mansedumbre en las Bienaventuranzas se encuentran en un nivel más alto.

Bendiciones dadas a la mansedumbre espiritual

Como se menciona en Mateo 5:5: *"Bienaventurados los mansos, porque ellos recibirán la tierra por heredad";* si tenemos mansedumbre espiritual, podremos heredar la Tierra.

En este caso 'recibirán la tierra por heredad', no significa que recibiremos la tierra en este mundo, sino que tendremos tierra en el eterno reino de los cielos (Salmos 37:29).

La herencia es la adquisición de un bien, condición o un rasgo específico de las generaciones pasadas. El dueño de una herencia es por lo general mayormente reconocido por los demás que el de otras propiedades que se compran con dinero.

Por ejemplo: si una persona posee un pedazo de tierra que ha pasado de generación en generación, ya es conocido por todos los vecinos. La familia lo mantendrá como algo preciado y lo pasarán a sus hijos. Por consiguiente, heredar la tierra significa que ciertamente la recibiremos como nuestra tierra.

Entonces, ¿cuál es la razón por la que Dios da la tierra en heredad en el reino celestial a aquellos que tienen mansedumbre espiritual? Salmos 37:11 dice: *"Pero los mansos heredarán la tierra, y se recrearán con abundancia de paz"*. Tal como se menciona, es porque aquellos que son mansos poseen virtud y abrazan a muchas personas.

Aquel que tiene mansedumbre puede perdonar las faltas de los demás, entenderlos y abrazarlos y, de esta manera, muchas personas pueden encontrar descanso en dicha persona y disfrutar paz en ella.

Cuando alguien gana el corazón de muchas personas, esto se convierte en autoridad espiritual, e incluso en el reino de los cielos recibirá mayor autoridad. De esta manera, naturalmente heredará una gran cantidad de tierra.

Autoridad espiritual para heredar la tierra en el reino de los cielos

En este mundo, una persona puede obtener autoridad solo cuando posee riquezas y fama, pero en el reino de los cielos, la autoridad espiritual es dada a aquellos que se humillan y sirven a los demás.

> *"Mas entre vosotros no será así, sino que el que quiera hacerse grande entre vosotros será vuestro servidor, y el que quiera ser el primero entre vosotros será vuestro siervo; como el Hijo del Hombre no vino para ser servido, sino para servir, y para dar su vida en rescate por muchos"* (Mateo 20:26-28).

> *"Y dijo: De cierto os digo, que si no os volvéis y os hacéis como niños, no entraréis en el reino de los cielos. Así que, cualquiera que se humille como este niño, ése es el mayor en el reino de los cielos"* (Mateo 18:3-4).

Si nos volvemos como niños, nuestros corazones llegarán a ser plenamente humildes. De esta manera podremos ganar el corazón de muchas personas en este mundo, y llegaremos a ser aquellas personas grandes en el Cielo.

De igual modo, ya que uno abraza el corazón de muchas personas con mansedumbre espiritual, en consecuencia Dios da grandes áreas de tierra para que disfrutemos de autoridad por siempre. Si nosotros no obtenemos grandes extensiones de tierra en el Cielo, ¿cómo se podrá construir casas hermosas y excelentes?

Supongamos que hemos realizado muchas obras para Dios y hemos recibido muchos materiales para construir nuestra casa en el Cielo, pero si tenemos solo una pequeña porción de tierra no podremos construir una casa muy grande.

Por consiguiente, aquellos que ingresen a la Nueva Jerusalén recibirán grandes parcelas de tierra porque habrán alcanzado completamente la mansedumbre espiritual. Ya que su porción de tierra es grande, sus casas también serán grandes y hermosas.

Asimismo, para cada hogar, en la forma más adecuada, habrá instalaciones naturales como jardines muy bien cuidados, lagos, valles y colinas. También habrá otras instalaciones como piscina, zona de juego, salón de baile, etc. Este es el cuidado de Dios para que el dueño de esa casa pueda invitar a aquellos que había abrazado y ayudado a crecer en el espíritu y tener banquetes y compartir su amor eternamente.

Incluso en la actualidad, Dios diligentemente está buscando a aquellos que son mansos para darles responsabilidades y que puedan abrazar a muchas almas y guiarlas a la verdad, y darles grandes porciones de tierra como herencia en el eterno reino de los cielos. Por consiguiente, cumplamos con diligencia la santificación y la mansedumbre del corazón, para que podamos heredar mucha tierra en el reino de los cielos.

Capítulo 4
La cuarta bendición

Bienaventurados los que tienen hambre
y sed de justicia,
porque ellos serán saciados

Mateo 5:6

"Bienaventurados los que tienen hambre y sed de justicia, porque ellos serán saciados".

Existe un refrán coreano que dice: "Cualquiera se hace ladrón si no come durante tres días". Esto nos habla acerca del dolor de tener hambre. Incluso la persona más fuerte no puede hacer nada si está en huelga de hambre.

Ni siquiera es fácil saltarse algunas comidas, por lo tanto imagine cómo será si usted no come por uno, dos o tres días.

Primeramente, usted siente que tiene hambre, pero mientras el tiempo pasa, comienza a tener dolores de estómago e incluso puede llegar a sudar frío. Comenzará con picazones por todo su cuerpo y las funciones corporales comenzarán a deteriorarse. Su deseo por la comida se volverá extremo en este tipo de situación. Si esto continúa, puede ser que incluso pierda su vida.

Incluso en la actualidad, existen personas que sufren gran hambre, y en las guerras las personas llegan al punto de ingerir plantas venenosas. Hay muchas personas que continúan viviendo día a día al alimentarse de los cestos de la basura y de los lugares donde arrojan desperdicios.

No obstante, lo que es más insoportable que el hambre es la sed. Se conoce comúnmente que el 70% del cuerpo humano es agua. Si tan solo perdiéramos el 2% de líquido en el cuerpo, tendríamos mucha sed. Si perdiéramos el 4% de líquido, el cuerpo se debilitaría y quizás perdemos la conciencia. Y si perdiéramos el 10%, quizás muramos.

El agua es un elemento esencial para el cuerpo humano. Debido a la sed extrema, algunas personas que cruzan a través del desierto, bajo el sol abrazador, seguirán un espejismo pensando que es un oasis y perderán la vida.

De este modo, tener hambre y sed es verdaderamente algo doloroso que puede incluso hacer que perdamos nuestras vidas. Entonces, ¿por qué Dios dice que son bienaventurados aquellos que tienen hambre y sed de justicia?

Aquellos que tienen hambre y sed de justicia

La palabra justicia es el sustantivo que se utiliza para describir lo que es justo. De acuerdo a la definición del diccionario *The Merriam-Webster Dictionary*, una persona justa es la que "actúa en acuerdo con la ley moral o divina; libre de culpa o pecado". A nuestro alrededor puede ser que veamos algunas personas que incluso sacrifican sus vidas para mantener un tipo de justicia equívoca entre sus amistades. Además protestan en contra de las irregularidades sociales insistiendo en que lo que ellos creen es algo justo.

Sin embargo, la justicia de Dios es algo diferente. Es seguir la voluntad de Dios y practicar Su Palabra que es la bondad y la verdad en sí. Se refiere a cada paso que debemos tomar hasta que recuperemos completamente la imagen perdida de Dios y lleguemos a santificarnos.

Aquellos que tienen hambre y sed de justicia se deleitarán en la Ley del SEÑOR Dios y meditarán de día y de noche como lo menciona Salmos 1:1-2. Esto se debe a que la Palabra de Dios contiene lo que la voluntad de Dios es y qué tipos de obras son justas.

Además, al igual que la confesión del salmista, anhelarán la Palabra de Dios y meditarán de día y de noche. No simplemente la guardarán como mero conocimiento, sino que la aplicarán en sus vidas.

"Mis ojos desfallecieron por tu salvación, Y por la palabra de tu justicia" (Salmos 119:123).

"Me anticipé al alba, y clamé; esperé en tu palabra. Se anticiparon mis ojos a las vigilias de la noche, para meditar en tus mandatos" (Salmos 119:147-148).

Si nosotros realmente conocemos el amor de Dios, anhelaremos con sinceridad Su Palabra, es decir, tendremos hambre y sed de justicia, lo que se deberá a que entendemos que el unigénito Hijo de Dios, Jesús, quien era intachable y recto, tomó el sufrimiento y vergüenza de la cruz por cada uno de nosotros. Hizo esto para redimirnos de nuestros pecados y darnos vida eterna.

Si creemos en el amor de la cruz, no podremos dejar de vivir por la Palabra de Dios, y pensaremos: "¿Cómo puedo compensar el amor del Señor y agradar a Dios? ¿Cómo puedo hacer lo que Dios quiere?" Al igual que un siervo sediento busca un chorro de agua, buscaremos el tipo de justicia que Dios quiere.

De esta manera, obedeceremos diligentemente a medida que

escuchemos la palabra y practiquemos la verdad.

Las obras de aquellos que tienen hambre y sed de justicia

Mediante el poder de Dios, yo fui sanado de muchas enfermedades que la medicina no podía curar. Como conocí a Dios de esta manera, anhelaba Su Palabra, la cual me dio una nueva vida. Para poder escuchar y comprender más, asistí a cada reunión de avivamiento y busqué a Dios para encontrarlo de manera más cercana.

> *"Yo amo a los que me aman, y me hallan los que temprano me buscan"* (Proverbios 8:17).

Al darme cuenta de la voluntad de Dios por medio de los sermones acerca de guardar completamente el Día del Señor, dar los diezmos apropiados y que no debemos presentarnos delante de Dios con manos vacías (Éxodo 23:15), me esforcé por poner en práctica la palabra diligentemente. Con mi agradecimiento a Dios que me sanó y me salvó, tuve sed para practicar Su Palabra.

Al comenzar el proceso de práctica de la justicia de Dios, me di cuenta que tenía odio en mi corazón. Luego pensé: "¿Quién soy yo para tener la capacidad de odiar a alguien?"

Tenía odio contra las personas que hirieron mis sentimientos mientras me encontraba postrado en mi lecho de enfermedad durante siete años, pero al darme cuenta del amor de Jesús, quien fue crucificado y derramó Su sangre y agua por mí, oré fervientemente para abstenerme de ese odio.

> *"Clama a mí, y yo te responderé, y te enseñaré cosas grandes y ocultas que tú no conoces"* (Jeremías 33:3).

Mientras estaba orando y pensando desde el punto de vista de las demás personas, pude darme cuenta de que yo también hubiera actuado de la misma manera en esa situación.

Mientras pensaba en lo desconsolados que debían haber estado mientras me observaban sin esperanza, todo el odio en mí se desvaneció y llegué a amar a cada tipo de persona desde lo profundo de mi corazón.

Además, tuve presente las palabras de la Biblia que nos dicen que existen ciertas cosas que debemos 'hacer', 'no hacer', 'guardar' y 'abstenernos', y las puse en práctica. Escribí en una libreta cada uno de los rasgos pecaminosos de los que tenía que abstenerme, y comencé a hacerlo por medio de las oraciones y el ayuno. Cuando estaba seguro de que me había abstenido de ellos, los tachaba con un bolígrafo rojo. Finalmente, para tachar todos los rasgos pecaminosos que había escrito en mi libreta, me tomó tres años.

1 Juan 3:9: *"Todo aquel que es nacido de Dios, no practica el pecado, porque la simiente de Dios permanece en él; y no puede pecar, porque es nacido de Dios"*. Cuando tenemos hambre y sed de justicia y obedecemos y practicamos la Palabra

de Dios, esta será la evidencia de que pertenecemos a Dios.

Comer la carne y beber la sangre del Hijo del Hombre

¿Qué es lo más importante para aquél que tiene hambre y sed? Por supuesto, es la comida para saciar su hambre y el líquido para saciar su sed. Estas dos cosas serán más importantes que cualquier piedra preciosa.

Dos comerciantes ingresaron a una carpa en el desierto. Poco a poco, cada uno de ellos comenzó a jactarse de las joyas que tenía. Un nómada árabe que los observaba les contó su historia.

A este nómada solían gustarle mucho las joyas. Mientras cruzaban el desierto, se encontró con una tormenta de arena, y por causa de ella no pudo comer por varios días y se encontraba exhausto. Luego encontró un bolso, y al abrirlo vio que estaba lleno de las perlas que a él solían encantarle en gran manera.

¿Acaso se puso feliz de haber encontrado las perlas que a él tanto le gustaban? En realidad no fue así, al contrario, se encontraba muy desesperado. Lo que él más necesitaba en aquel momento no eran perlas, sino comida y agua. ¿Cuál es el uso de las perlas cuando uno se está muriendo de hambre en el desierto?

Lo mismo sucede con el espíritu. En Juan 6:55 Jesús dijo: *"Porque mi carne es verdadera comida, y mi sangre es verdadera bebida".* Además en Juan 6:53, Jesús dijo: *"De cierto, de cierto os digo: Si no coméis la carne del Hijo del Hombre, y bebéis su sangre, no tenéis vida en vosotros".*

Es decir, lo que necesitamos para nuestro espíritu es obtener vida espiritual y disfrutar de las bendiciones de ser saciados por comer la carne y beber la sangre de Jesús.

En este caso, la carne del Hijo del Hombre, Jesús, simboliza la Palabra de Dios. Comer su carne significa llevar y tener en mente la Palabra de Dios escrita en los sesenta y seis libros de la Biblia. Tomar la sangre de Jesús es orar con fe y practicar la Palabra una vez que la leemos, la escuchamos y aprendemos de ella.

El proceso de crecimiento de aquellos que tienen hambre y sed de justicia

En 1 Juan 2 se nos da una descripción detallada del crecimiento en la fe espiritual y cómo mantener la vida eterna a través de comer la carne y beber la sangre del Hijo del Hombre.

> *"Os escribo a vosotros, hijitos, porque vuestros pecados os han sido perdonados por su nombre. Os escribo a vosotros, padres, porque conocéis al que es desde el principio. Os escribo a vosotros, jóvenes, porque habéis vencido al maligno. Os escribo a vosotros, hijitos, porque habéis conocido al Padre. Os he escrito a vosotros, padres, porque habéis conocido al que es desde el principio. Os he escrito a vosotros,*

jóvenes, porque sois fuertes, y la palabra de Dios permanece en vosotros, y habéis vencido al maligno" (1 Juan 2:12-14).

Cuando un hombre que no conoce a Dios acepta a Jesucristo y recibe el perdón de sus pecados, recibe el Espíritu Santo y luego el derecho de convertirse en hijo de Dios. Significa que es como un bebé recién nacido.

Cuando un bebé crece y se convierte en un niño, llega a conocer la voluntad de Dios cada vez más, al igual que un niño que reconoce quién es su madre y su padre, pero en realidad no puede practicar la palabra por completo. Es igual que los niños que aman a sus padres, pero sus pensamientos no son profundos y no pueden comprender el corazón de sus propios padres de manera completa.

Luego de que uno pasa el tiempo como hijo espiritual, se convierte en un joven adulto en el espíritu, el cual se ha armado a sí mismo con la palabra y la oración, y ya reconoce lo que es el pecado y aprende de la voluntad de Dios. Los jóvenes adultos poseen mucha energía, y también poseen sus propias opiniones fuertes. Por lo tanto, son propensos a cometer errores, pero tienen la confianza y la fuerza que los motiva para lograr su objetivo.

En la etapa de la juventud adulta, aman a Dios y tienen fe fuerte, por lo que no aceptan las cosas sin sentido de este mundo. Están llenos del Espíritu, ponen su esperanza en el reino celestial y batallan en contra del pecado mientras escuchan la Palabra.

Tienen la fortaleza y valentía para resistir las pruebas y las tentaciones. La Palabra de Dios mora en ellos, por lo tanto pueden vencer al enemigo diablo y al mundo; y siempre salir victoriosos.

A medida que pasan su juventud adulta y llegan a ser como el Padre, llegarán a ser maduros. A través de su experiencia, pueden pensar por medio de todos los aspectos en el proceso de la toma de decisiones, para emitir un buen juicio en cada situación. Además, obtendrán la sabiduría para inclinar sus cabezas de vez en cuando.

Muchas personas dicen que podemos comprender el corazón de los padres solo después de que nosotros llegamos a tener nuestros propios hijos y los criamos. De manera similar, solo cuando nos convertimos en padres espirituales, podemos comprender el origen de Dios, para que podamos comprender Su providencia y poseer fe en un nivel más alto.

Un padre espiritual es una persona que se encuentra en un nivel en el que puede comprender el origen de Dios y todos los demás secretos del reino espiritual, incluyendo la creación de los Cielos y la Tierra. Ya que conoce el corazón y la voluntad de Dios, puede obedecer exactamente de acuerdo al corazón de Dios, y por consiguiente, recibirá amor y bendición de Su parte. Puede recibir todo tipo de bendiciones incluyendo salud, fama, autoridad, riqueza, bendiciones de los hijos, etc.

La bendición de estar espiritualmente satisfecho

Luego de que hemos nacido nuevamente como hijos de Dios, en la medida que tomemos la comida y la bebida verdadera, podemos crecer en espíritu e ingresar a una dimensión espiritual. A medida que la dimensión espiritual se vuelve más profunda, podremos con mayor facilidad gobernar sobre el enemigo diablo y Satanás, y además podremos entender la profundidad del corazón de Dios el Padre.

Así, podremos comunicarnos con Dios claramente y ser guiados por el Espíritu Santo en todas las cosas para que de esta manera seamos prósperos en todas las cosas. La vida de comunicación con Dios por medio de la llenura del Espíritu Santo es la bendición de santificación otorgada a aquellas personas que tienen hambre y sed de justicia.

Como dice Mateo 5:6, donde leemos: *"Bienaventurados los que tienen hambre y sed de justicia, porque ellos serán saciados",* aquellos que reciben la bendición de estar santificados no tienen razón para encontrarse con pruebas y persecuciones.

Incluso si existen obstáculos, Dios provee para que nosotros podamos evitarlos a través de la guía del Espíritu Santo. Y aunque encontremos dificultades, Dios nos permite conocer el camino para poder salir de dichas dificultades. Mientras nuestra alma sea próspera, todas las cosas marcharán bien y también tendremos salud, seremos guiados a prosperar en todas las cosas y así nuestros labios estarán llenos de testimonios.

Si somos guiados de esta manera por el Espíritu Santo, recibiremos la fortaleza para darnos cuenta fácilmente del pecado y la maldad, y abstenernos de ello; de esta manera podremos correr hacia la santificación. En el proceso de llegar a ser santificados en nuestras vidas cristianas, no es nada fácil hallar las cosas que están profundamente en nuestros corazones o iniquidades muy minúsculas.

En esta situación, si el Espíritu Santo hace brillar Su luz sobre nosotros, podremos darnos cuenta de qué debemos hacer y alcanzar, y así ingresar a niveles de fe más altos.

Además, a pesar de que no practiquemos la falsedad para cometer pecados, quizás nos demos cuenta cuál es el camino que a Dios más le agrada en situaciones diferentes. En estos casos, si nos damos cuenta de qué es lo que a Dios más le agrada mediante las obras del Espíritu Santo y lo hacemos, nuestras almas prosperarán aún más.

Importancia de la comida y la bebida verdadera

Un creyente se encontraba sumamente desesperado por tener miles de dólares en deudas. Entonces quiso ir ante Dios y aferrarse a Él. Al creer que se estaba aferrando a su última esperanza, él comenzó a orar y a escuchar la Palabra de Dios con anhelo en su corazón.

Comenzó a escuchar los sermones en cassette mientras se dirigía a su trabajo, y leía al menos un capítulo de la Biblia y memorizaba un verso de la Biblia cada día. Entonces, él se acordaba de la Palabra de Dios en cada momento de su día y así podía seguirla.

Ahora, esto no significa que la puerta de bendición fue abierta rápidamente. Dado que él buscó sinceramente la voluntad de Dios y oró con fervor, su fe creció, su alma prosperó y las bendiciones comenzaron a llegar a su negocio y pronto pudo pagar el dinero que debía. Sus diezmos en la actualidad siguen en aumento.

De igual manera, si en realidad tenemos hambre y sed de justicia, al igual que las personas que tienen hambre y sed, que buscan alimento y agua, alcanzaremos la justicia. Como resultado, recibiremos las bendiciones de la salud y las riquezas, la llenura y la inspiración del Espíritu Santo y tener comunicación con Dios. Además, podremos cumplir con el reino de Dios en grado sumo.

¿Cuánto pienso en Dios y leo y medito en Su palabra cada día?

¿Cómo puedo orar fervientemente y tratar de practicar la palabra de Dios?

De esta manera examinemos nuestras vidas; el hambre y sed de justicia hasta que el Señor regrese, para que así recibamos la bendición de ser satisfechos por Dios el Padre.

Entonces podremos comunicarnos con Dios profundamente y seremos guiados en el camino de una vida próspera y más importante, y podremos llegar a un lugar glorioso en el reino de los cielos.

Capítulo 5
La quinta bendición

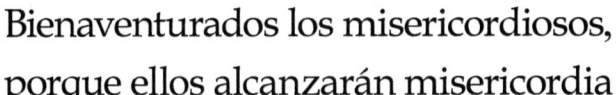

Bienaventurados los misericordiosos, porque ellos alcanzarán misericordia

Mateo 5:7

"Bienaventurados los misericordiosos, porque ellos alcanzarán misericordia".

Jean Valjean en la novela de *Los Miserables,* estuvo en prisión por diecinueve años solo por robar un pan de molde. Luego de ser liberado, un cura le proveyó alimento y abrigo, pero Jean le robó un candelero de plata y huyó. Luego fue capturado y llevado donde el cura por la policía.

Para salvarlo, el cura dijo que él se lo había dado a Jean Valjean, y al cuestionarle por qué no se había llevado también el platillo, hizo que el detective no tuviera más dudas acerca del caso.

Por medio de este incidente, Jean Valjean aprendió acerca del verdadero amor y perdón, y comenzó a llevar una vida diferente. Sin embargo, el detective Javert comenzó a seguirlo y le hizo pasar momentos muy difíciles durante su vida. Luego, Valjean salvó al detective de un disparo que le hubiera causado la muerte. Él dijo: "Existen muchas cosas que son amplias como por ejemplo el mar, la tierra y el cielo, pero el perdón es algo aún mucho más grande".

Tener misericordia de las demás personas

Si nosotros perdonamos a las personas con misericordia, podemos tocar sus corazones y ocasionar cambios en ellos. ¿Cuál es el significado de la misericordia?

Es el tipo de corazón que perdona sinceramente y ora y da un consejo con amor a cualquier persona, incluso si comete un pecado o directamente nos hace pasar un mal momento. Es similar a la bondad que encontramos en los nueve frutos del Espíritu Santo en Gálatas 5, aunque es algo más profundo.

La bondad es el tipo de corazón que sigue solo la bondad sin nada de maldad, y puede verse claramente a través del corazón de Jesús quien no contendió ni alzó su voz.

> *"No contenderá, ni voceará, ni nadie oirá en las calles su voz. La caña cascada no quebrará, y el pábilo que humea no apagará, hasta que saque a victoria el juicio"* (Mateo 12:19-20).

El no quebrar la caña cascada significa que aunque alguien haga algo malo, el Señor no lo juzga inmediatamente sino que permanece con él hasta que recibe salvación. Por ejemplo: Jesús conocía que Judas Iscariote luego lo vendería, no obstante Él le aconsejó con amor e intentó hacerlo entrar en razón hasta el final.

Además, no apagar el pábilo que humea significa que Dios no se olvida de manera inmediata de Sus hijos, incluso si es que ellos no viven mediante la verdad. Y aunque quizás cometamos pecados ya que no somos perfectos, Dios nos ayuda con nuestros logros a través del Espíritu Santo y permanece con nosotros hasta el final para que de esta manera podamos cambiar por medio de la verdad.

'Misericordia' es entender, perdonar y guiar a otros al camino correcto con el corazón del Señor, aunque nos hagan cosas malas sin razón alguna. No es mirar las cosas desde nuestro propio punto de vista siguiendo nuestros propios beneficios, sino pensar desde el punto de vista de los demás y mostrarles misericordia.

Jesús perdonó a la mujer adúltera

En Juan 8, los fariseos y los escribas llevaron delante de Jesús una mujer que había sido encontrada en adulterio. Para probarlo le preguntaron:

"En la ley nos mandó Moisés apedrear a tales mujeres. Tú, pues, ¿qué dices?" (v. 5). Simplemente imagine la situación. La mujer que había cometido adulterio seguramente estaba temblando de vergüenza debido a que su pecado había sido revelado a todos y temía por su vida.

Los escribas y fariseos que estaban llenos de intenciones malignas no prestaron atención de la mujer que estaba llena de miedo, sino que, al contrario, estaban orgullosos de que ahora podían tenderle una trampa a Jesús. Algunas de las personas que observaban la escena seguramente ya habían tomado algunas piedras para castigarla de acuerdo a la Ley.

¿Qué fue lo que hizo Jesús? En silencio se inclinó y con Su dedo escribió sobre la tierra. Lo que comenzó a escribir fueron los pecados que habían sido cometidos por las personas que estaban presentes en ese lugar. Luego, se puso de pie y dijo: *"El que de vosotros esté sin pecado sea el primero en arrojar la piedra contra ella"* (v. 7).

Se les recordó a los judíos de sus pecados y sintieron vergüenza, y uno por uno fueron saliendo del lugar. Finalmente, solo se quedó Jesús, y la mujer. Jesús la perdonó y le dijo: *"Ni yo te condeno; vete, y no peques más"* (Juan 8:11). De hecho, para la mujer fue algo que jamás podría olvidar por el resto de su vida. Probablemente desde ese momento ella ya no pudo cometer otro pecado.

Asimismo, la misericordia puede demostrarse de diferentes maneras, y puede ser categorizada en misericordia para perdonar, misericordia para juzgar y misericordia para la salvación.

Misericordia ilimitada para salvar

Aquellos que han aceptado a Jesucristo como su Salvador, ya han recibido gran misericordia de parte de Dios. Sin la misericordia de Dios, no podemos sino caer al Infierno debido a nuestros pecados y sufrir por la eternidad.

Sin embargo, Jesús derramó Su sangre en la cruz para redimir a la humanidad de sus pecados y, cuando creemos esto, podemos ser perdonados sin precio alguno y además ser salvos; esta es la misericordia de Dios.

Incluso ahora, con el corazón de los padres que esperan nerviosamente a sus hijos que han dejado su hogar, Dios está esperando ansiosamente que innumerables almas vengan al camino de la salvación.

Además, si alguien lastima los sentimientos de Dios en gran manera, si esta persona se arrepiente con un corazón verdadero y cambia, Dios no lo reprende ni le dice: "¿Por qué me decepcionas tanto? ¿Por qué cometes tantos pecados?" Dios simplemente lo abraza con Su amor.

"Venid luego, dice Jehová, y estemos a cuenta:

si vuestros pecados fueren como la grana, como la nieve serán emblanquecidos; si fueren rojos como el carmesí, vendrán a ser como blanca lana" (Isaías 1:18).

"Cuanto está lejos el oriente del occidente, hizo alejar de nosotros nuestras rebeliones" (Salmos 103:12).

Cuando hay alguien que anteriormente hizo algo incorrecto, si ya se ha arrepentido y ha cambiado, aquellos que tengan misericordia no recordarán sus faltas en el pasado ni pensarán: *"Anteriormente él cometió grandes iniquidades"*. No se apartarán de esa persona ni le tendrán antipatía, sino que siempre lo perdonarán, y lo animarán a que sea aún mejor.

La parábola del siervo que fue perdonado de los diez mil talentos

Un día Pedro le preguntó a Jesús acerca del perdón. *"¿Cuántas veces perdonaré a mi hermano que peque contra mí? ¿Hasta siete?"* (Mateo 18:21) Él pensó que era muy generoso por perdonar siete veces. Pero Jesús le respondió: *"No te digo hasta siete, sino aun hasta setenta veces siete"* (Mateo 18:22).

Esto no quiere decir que debemos multiplicar setenta por siete y perdonar 490 veces. El número siete simboliza la perfección. 'Siete veces siete' significa que debemos perdonar sin límite alguno y de manera perfecta. Luego, con una parábola, Jesús enseñó acerca de la misericordia para perdonar.

Un rey tiene muchos sirvientes. Uno de los siervos le debía al rey diez mil talentos, pero no podía pagárselos. En ese entonces un talento equivalía a 6 000 denarios, y estos eran equivalentes a 6 000 días de trabajo. Esto es alrededor de dieciséis años de trabajo común y corriente.

Supongamos que el salario diario de un trabajo común y corriente sea alrededor de $50.00 dólares americanos. Por lo tanto, un talento equivale aproximadamente a $300 000 dólares. Entonces diez mil talentos son equivalentes a tres billones de dólares. ¿De qué manera un sirviente podía obtener esta cantidad de dinero?

El rey le dijo que vendiera a su esposa, sus hijos y todas sus posesiones para devolver el dinero. El siervo se postró en el suelo y le suplicó al rey diciéndole: *"Señor, ten paciencia conmigo, y yo te lo pagaré todo"* (v. 26). El rey tuvo compasión de este siervo y lo soltó y le perdonó la deuda.

Este hombre que había sido perdonado de tan grande deuda mandó a llamar a uno de sus siervos que le debía 100 denarios. Un denario era una moneda de plata del Imperio Romano y era el salario de un día de trabajo común y corriente. Si suponemos que en un día de trabajo se obtiene $50.00 dólares, el total de la deuda que este otro siervo debía era alrededor de $5 000 dólares. Esto en realidad es una cantidad mucho menor si la comparamos con los diez mil talentos.

Sin embargo, el siervo que fue perdonado de su deuda echó mano de su consiervo y comenzó a ahogarlo diciéndole: "Págame lo que me debes". Y a pesar de que este otro hombre clamó por misericordia, él lo puso en la cárcel.

Cuando el rey llegó a enterarse de lo que había ocurrido, se enojó mucho y dijo: *"Siervo malvado, toda aquella deuda te perdoné, porque me rogaste. ¿No debías tú también tener misericordia de tu consiervo, como yo tuve misericordia de ti?"* (Mateo 18:32-33)

Lo mismo sucede en nuestras vidas. Nosotros que estábamos destinados a ir al camino de muerte debido al pecado, fuimos perdonados del pecado sin pagar ningún precio, solo con el amor de Jesucristo. No obstante, si nosotros no perdonamos faltas menores de las demás personas y los juzgamos y condenamos, ¡en realidad es algo muy malo!

Tener un corazón amplio para perdonar a los demás

Incluso si enfrentamos alguna pérdida por causa de otras personas, no debemos disgustarnos y molestarnos con ellas, más bien debemos abrazarlas. De esta manera, podemos tener un corazón amplio para abrazar a muchas personas.

Si tenemos misericordia, no odiamos a nadie ni tampoco tenemos malos sentimientos en contra de los demás. Incluso si otra persona hace algo malo a los ojos de Dios, en vez de primeramente juzgar, debemos ante todo brindar un consejo con amor.

Además, cuando se aconseja a alguien más, algunas personas tienen sentimientos incómodos acerca de lo que hicieron los demás y hieren sus sentimientos cuando dan un consejo, por lo que no deberían pensar que están dando un consejo con amor. Aunque utilicen la palabra de verdad, si no lo hacen con amor, no pueden recibir ninguna palabra de parte del Espíritu Santo y, de esta manera, no podrán cambiar el corazón de otras personas.

Incluso cuando los líderes hagan algo que sea incorrecto a sus subordinados, 1 Pedro 2:18 nos dice lo siguiente: *"Criados, estad sujetos con todo respeto a vuestros amos; no solamente a los buenos y afables, sino también a los difíciles de soportar"*. Por consiguiente, debemos obedecer y seguir con humildad y orar por ellos con amor.

Además, cuando los subordinados hacen algo malo a los líderes, ellos no deben reprenderlos de inmediato o simplemente dejarlos para quebrantar la paz en ese momento, sino estar dispuestos a enseñar con la palabra para hacerles comprender las cosas de manera correcta. Esto también es un tipo de misericordia.

Cuando los líderes se preocupan por sus subordinados con amor y misericordia y los guían con bondad, pueden pararse y mantenerse de pie firmemente. Asimismo, los líderes tendrán la sensación de recompensa porque hicieron el deber de orientar y dirigir lo que les ha sido confiado.

No importa con qué tipo de situación nos enfrentemos,

debemos estar dispuestos a entender el punto de vista de las demás personas. Debemos orar por ellas y aconsejarlas con amor; con el que incluso podemos dar nuestras propias vidas. Cuando tenemos este tipo de amor, puede ser que incluso tengamos que reprender como sea necesario a aquellos que van por un mal camino para guiarlos a la verdad.

Misericordia y castigo lleno de amor

Mientras existe misericordia para perdonar, también hay misericordia para castigar. Esto es cuando la misericordia se muestra en forma de castigo de acuerdo a la situación. Esta misericordia para castigar no se hace con enemistad ni condenación, sino que surge originalmente del amor.

> *"Porque el Señor al que ama, disciplina, Y azota a todo el que recibe por hijo. Si soportáis la disciplina, Dios os trata como a hijos; porque ¿qué hijo es aquel a quien el padre no disciplina? Pero si se os deja sin disciplina, de la cual todos han sido participantes, entonces sois bastardos, y no hijos"* (Hebreos 12:6-8).

Dios ama a Sus hijos, y es por ello que a veces se permite que sean castigados. De esta manera, Dios les ayuda a apartarse del pecado y actuar de acuerdo a la verdad.

Supongamos que sus hijos han robado algo. Por el hecho de que es parte del amor el corregir a nuestros hijos, es probable que no todos los padres disciplinen a sus hijos con una vara por la primera falta que cometan. Si ellos se arrepienten con lágrimas y de corazón, los padres probablemente les den un abrazo caluroso y les digan: "Por esta vez te perdono, pero nunca más lo vuelvas a hacer".

No obstante, si los hijos dicen que lo sienten y que no lo volverán a hacer, pero en la práctica repiten lo mismo, entonces, ¿qué debe hacer un padre?

Deben hacer todo lo posible para aconsejarles. Si los hijos no quieren escuchar, aunque esto puede ser desgarrador, los padres deben utilizar una vara y disciplinarlos para que puedan guardarlo profundamente en sus corazones. Debido a que los padres aman a sus hijos, los castigan para que puedan cambiar antes de que vayan por un camino totalmente equivocado.

Cuando los hijos cometen pecados

Un ladrón que se encontraba en la corte pidió a las autoridades que le permitieran ver a su madre antes del juicio. Cuando vio a su madre comenzó a llorar y le dijo que era su culpa que él se haya convertido en ladrón. Dijo que él se había convertido en ladrón porque su madre nunca lo castigó cuando robó algo por primera vez cuando era tan solo un niño.

Cuando se le pregunta a los padres por qué no castigaron a

sus hijos cuando hicieron algo malo, la mayoría responde que es porque ellos aman a sus hijos. Sin embargo, Proverbios 13:24 dice: *"El que detiene el castigo, a su hijo aborrece; mas el que lo ama, desde temprano lo corrige".*

Si nosotros solo pensamos en nuestros hijos: "Oh, mi querido bebé", entonces, incluso su mal comportamiento parecerá ser algo encantador. Debido a este tipo de acciones carnales, muchas personas no pueden discernir entre lo que es correcto e incorrecto, y hacen juicios equivocados.

Además, cuando los niños continuamente actúan de manera inapropiada, los padres no los corrigen sino que simplemente lo aceptan. Entonces, el comportamiento de los niños se vuelve cada vez más mal dirigido y orientado.

Por ejemplo: en 1 Samuel 2 vemos que los dos hijos del sacerdote Elí, Ofni y Finees se acostaban con las mujeres que servían en la entrada del tabernáculo de reunión. Pero Elí simplemente les dijo: *"No, hijos míos, porque no es buena fama la que yo oigo; pues hacéis pecar al pueblo de Jehová"* (v. 24). Los dos hijos siguieron pecando por lo cual enfrentaron una muerte miserable.

Si el sacerdote Elí les hubiera advertido severamente y en ciertas ocasiones reprendido según lo necesario para ir por el camino correcto de un sacerdote, no habrían ido por el camino equivocado hasta este punto. Alcanzaron un punto en el que ya no podían cambiar ya que su padre no los crió de manera apropiada en el camino correcto.

No obstante, aun en el mismo tipo de castigo, si no existe amor, no podemos decir que es misericordia. Supongamos que uno de los hijos de su vecino le roba algo. ¿Qué haría usted?

Aquellas personas que tienen bondad tendrán misericordia con el niño si este pide perdón con un corazón sincero. Por otro lado, los que no tienen bondad se enojarán con el niño y lo regañarán, incluso si pide que lo perdonen, exigirán que reciba un castigo. Por otra parte, puede ser que revelen este acontecimiento a muchas personas, o lo tengan muy presente por mucho tiempo y desarrollen prejuicios en contra del niño.

Este tipo de castigo proviene de las enemistades y por lo tanto no puede ser misericordia ni puede provocar que la otra persona cambie. Cuando castigamos, debemos hacerlo con amor, considerando el punto de vista y el futuro de la otra persona, para así poder castigar con misericordia.

Cuando los hermanos en la fe pecan

Cuando un hermano en la fe peca, la Biblia nos dice detalladamente cómo tratar con ello.

> *"Por tanto, si tu hermano peca contra ti, ve y repréndele estando tú y él solos; si te oyere, has ganado a tu hermano. Mas si no te oyere, toma aún*

contigo a uno o dos, para que en boca de dos o tres testigos conste toda palabra. Si no los oyere a ellos, dilo a la iglesia; y si no oyere a la iglesia, tenle por gentil y publicano" (Mateo 18:15-17).

Cuando vemos a un hermano en la fe pecar, no debemos difundirlo entre otras personas. Primeramente, debemos hablar con él de modo personal para que este pueda cambiar. Si él no quiere escuchar, debemos hablar con aquellos que están sobre él en su grupo, para que pueda cambiar.

No obstante, si aun así no quiere escuchar, debemos decírselo a las autoridades de la iglesia para llevarlo al camino de la salvación. Si con todo esto no quiere escuchar a las autoridades de la iglesia, entonces la Biblia nos dice que lo tengamos como un no creyente. Nosotros no deberíamos juzgar ni condenar, ni siquiera a una persona que ha cometido un pecado grave. Solo cuando mostramos amor y misericordia podremos recibir misericordia de parte de Dios.

Misericordia en las obras de caridad

Es algo obvio para los hijos de Dios cuidar de aquellos que están en necesidad y mostrarles misericordia. Cuando los hermanos en la fe sufren, si simplemente les decimos que lo lamentamos y no mostramos obras, entonces no podemos decir que tenemos misericordia. A los ojos de Dios, la misericordia en obras de caridad es compartir lo que tenemos con los hermanos que están en necesidad.

Santiago 2:15-16 nos dice: *"Y si un hermano o una hermana están desnudos, y tienen necesidad del mantenimiento de cada día, y alguno de vosotros les dice: Id en paz, calentaos y saciaos, pero no les dais las cosas que son necesarias para el cuerpo, ¿de qué aprovecha?"*

Alguien quizás diga: "Realmente quiero ayudar, pero no tengo nada que darles". ¿Pero qué padre podría simplemente ver a sus hijos hambrientos solo porque están atravesando una situación financiera difícil? De igual manera, deberíamos actuar con nuestros hermanos de la misma manera que lo haríamos con nuestros propios hijos.

Aquellos que son castigados debido a sus pecados

Cuando mostramos misericordia y ayudamos a los necesitados, debemos mantener algo siempre presente; es el hecho de que no debemos ayudar a aquellos que están atravesando dificultades debido a su pecado en contra de Dios. Esto causará que problemas vengan sobre nuestras vidas.

Durante el reinado del rey Jeroboam en el reino de Israel, existía un profeta llamado Jonás. En el libro de Jonás, vemos a personas que enfrentaron situaciones difíciles junto al profeta

Jonás quien había desobedecido a Dios.

Un día Dios le dijo a Jonás que se dirigiera a la ciudad de Nínive, ciudad capital de un país que era enemigo de Israel, para que proclamara un mensaje de advertencia de parte de Dios. Esto se debió a que la ciudad de Nínive estaba llena de pecado y por eso Dios la destruiría.

Jonás conocía de esto; si las personas de Nínive se arrepentían luego de escuchar la advertencia de Dios, ellos escaparían de la destrucción ya que él conocía el corazón de Dios misericordioso sin límite y de Su amor. Por lo tanto, era como ayudar a Asiria, que era hostil a Israel. Por consiguiente, Jonás desobedeció la Palabra de Dios y se subió a un barco con dirección a Tarsis.

Entonces Dios envió una gran tormenta, las personas comenzaron a arrojar al mar todas sus pertenencias y sufrieron grandes pérdidas económicas. Finalmente supieron que todo lo que estaba sucediendo era por culpa de Jonás quien había desobedecido a Dios. Ellos sabían que la tormenta se detendría si arrojaban a Jonás al mar como él se los había dicho, pero debido a la simpatía que tenían hacia él, no pudieron hacerlo. Tuvieron que sufrir con él hasta que finalmente lo arrojaron al mar.

Tomando este ejemplo como lección, debemos ser sabios al momento que mostramos nuestra misericordia. Tenemos que comprender que si ayudamos a aquellos que están atravesando dificultades debido al castigo de Dios, caeremos en el mismo tipo de dificultades.

Además de ello, en un caso diferente, si hay alguien saludable que no trabaja por el simple hecho de ser un haragán, no es correcto ayudar a esa persona. Lo mismo sucede con aquellos que habitualmente piden ayuda de otras personas a pesar de que sí pueden trabajar.

Ayudarles es hacer que ellos sean más haraganes y menos capaces. Si mostramos misericordia cuando no es correcto a los ojos de Dios, esto bloqueará las bendiciones para nuestras vidas.

De este modo, no debemos ayudar incondicionalmente a cualquier persona que se encuentra en dificultad. Debemos discernir cada uno de los casos para que no tengamos que enfrentar dificultades luego de ayudar a los demás.

Mostrar misericordia a los no creyentes

En este caso, algo importante es que debemos mostrar misericordia no solo a nuestros hermanos en la fe sino también a los no creyentes.

La mayoría de personas quieren tener amistad con otras personas que tienen riquezas y fama, pero menosprecian y no quieren estar cerca de aquellos que fracasan en su caminar en la vida. Quizás ayuden a estas personas un par de veces debido a la amistad que han tenido anteriormente; pero esto no continuará. Sin embargo, no debemos menospreciar o despreciar a nadie. Nosotros tenemos que considerar mejores a los demás y tratarlos con amor.

Existen personas que en realidad poseen corazones misericordiosos que tienen en cuenta el corazón de los demás. Hay gente que ayuda a otros con desgana debido al qué dirán. No obstante, Dios mira lo profundo de nuestros corazones, y nos dice que la misericordia es ayudar con amor verdadero, y que bendecirá a aquellos que muestran misericordia.

Bendiciones sobre aquellos que tienen misericordia

¿Cuáles son las bendiciones de Dios dadas a aquellos que son misericordiosos? Mateo 5:7 dice: *"Bienaventurados los misericordiosos, porque ellos alcanzarán misericordia"*.

Si nosotros podemos perdonar y mostrar misericordia a personas que nos han hecho pasar malos momentos y nos han causado daño, Dios nos mostrará misericordia y nos dará oportunidades para ser perdonados incluso cuando causemos daño a otras personas por nuestros errores.

El Padre Nuestro nos dice: *"Y perdónanos nuestras deudas, como también nosotros perdonamos a nuestros deudores"* (Mateo 6:12). Abrimos el camino de la misericordia por parte de Dios cuando nosotros mostramos misericordia a los demás.

En el tiempo de la iglesia primitiva, existía una discípula llamada Tabita (Hechos 9:36-42). Los creyentes en Jerusalén se habían esparcido a muchos lugares debido a las severas persecuciones. Algunos se establecieron en una ciudad portuaria llamada Jope. Esta ciudad llegó a ser uno de los centros para los cristianos y la ciudad donde vivía Tabita. Ella ayudó a aquellos que eran pobres y estaban en necesidad. Sin embargo, un día Tabita enfermó y murió.

Aquellos que habían recibido de su ayuda enviaron a personas donde se encontraba Pedro para pedirle que la reviviera. Ellos le mostraron todas las túnicas y vestimentas que ella solía hacer mientras Tabita estaba con ellos, y hablaban todas las cosas buenas que había hecho.

Finalmente, ella experimentó el asombroso poder de Dios al ser revivida por medio de la oración de Pedro. Ella recibió la bendición de que su vida haya sido extendida por la misericordia de Dios.

Además, cuando tenemos misericordia con aquellos que son pobres y están enfermos, Dios nos da la bendición de estar saludables y tener riquezas.

Debido a la pobreza y las enfermedades de las cuales yo no podía ver el final, tuve que pasar por tiempos difíciles en mi juventud. A través de ese tiempo, llegué a comprender el corazón de aquellos que experimentan dificultades.

Por más de treinta años, desde el momento que fui sanado de todas mis enfermedades mediante el poder de Dios, he vivido sin ningún tipo de enfermedades. No obstante, no he perdido mi simpatía amorosa hacia aquellos que están sufriendo de enfermedades y pobreza y aquellos que están descuidados y abandonados.

Por lo tanto, no solo antes de comenzar esta iglesia, sino también después de la apertura de la misma, quise darle una mano de ayuda a aquellas personas que pasan por necesidad. Nunca pensé: "Les ayudaré cuando yo sea rico". Simplemente ayudé a los demás con sumas pequeñas y grandes de dinero.

Dios estuvo complacido con lo que hice y me bendijo tanto que pude ofrendar para la obra misionera y para cumplir con el reino de Dios. Al sembrar la semilla de misericordia con otras personas, Dios me permitió cosechar de manera abundante.

Si nosotros sembramos misericordia para con las demás personas, Dios también perdonará nuestras iniquidades y nos sustentará con todo para que no nos falte nada y transformará las enfermedades en salud. Esta es la misericordia que podemos encontrar de parte de Dios cuando somos misericordiosos con las personas.

Juan 13:34 dice: *"Un mandamiento nuevo os doy: Que os améis unos a otros; como yo os he amado, que también os améis unos a otros"*. Como dije anteriormente, demos consuelo y vida a muchas personas con el aroma de la misericordia, para que de esta manera podamos disfrutar de vida abundante con las bendiciones de Dios.

Capítulo 6
La sexta bendición

—⚜—

Bienaventurados los de limpio corazón, porque ellos verán a Dios

Mateo 5:8

"Bienaventurados los de limpio corazón, porque ellos verán a Dios".

"Lo primero que sentí cuando aterricé en la luna es la creación de Dios y Su gloriosa presencia".

Esta fue la declaración que dio James Irwin, quién fue a la luna en el Apollo 15 en 1971. Esta fue una cita muy famosa que tocó el corazón de muchas personas alrededor del mundo. Cuando James Irwin se encontraba enseñando en Hungría, un estudiante le preguntó:

"Ninguno de los astronautas de la Unión Soviética dijeron que vieron a Dios en el universo, ¿pero por qué usted dijo que vio a Dios en el universo y exaltó Su gloria?"

La respuesta de Irwin fue tan clara para todos los presentes, que fue indiscutible. "¡Aquellos que tienen un corazón puro pueden ver a Dios!" Él permaneció en la luna por 18 horas y se dice que recitó el Salmo 8 (LBLA) al ver la Tierra y el universo que Dios creó.

"¡Oh SEÑOR, Señor nuestro,
cuán glorioso es tu nombre en toda la tierra,
que has desplegado
tu gloria sobre los cielos! ...
Cuando veo tus cielos,
obra de tus dedos,
la luna y las estrellas
que tú has establecido,
¡Oh SEÑOR, Señor nuestro,
cuán glorioso es tu nombre en toda la tierra!"

La pureza del corazón delante de Dios

El diccionario: *The Merriam-Webster Online Dictionary*, define la palabra "puro" como "sin mezclar con cualquier otro asunto, libre de polvo, suciedad, u otro contaminante". En la Biblia, significa que debemos actuar de una manera santa, no solo en lo externo con conocimiento y educación, sino que también debemos tener un corazón santo y santificado.

En Mateo 15, cuando Jesús estaba ministrando en Galilea, los escribas y los fariseo llegaron desde Jerusalén.

Ellos eran quienes enseñaban la Ley de manera profesional a las personas y la guardaban de manera muy estricta. Además guardaron las tradiciones de los ancianos, las cuales eran regulaciones detalladas de cómo guardar la ley. Estas tradiciones fueron pasando de generación en generación.

Debido a que practicaban mucho el dominio propio y llevaban una vida ascética, pensaron que eran santos. Sin embargo, sus corazones estaban llenos de maldad. Cuando fueron ofendidos por las palabras de Jesús, intentaron matarlo.

Una de las tradiciones de los ancianos hecha por los escribas y fariseos, decía que no era algo limpio que comieran sin antes lavarse las manos.

Al ver a los discípulos de Jesús comiendo con las manos sucias, y en objeción a esto, le hicieron la siguiente pregunta a Jesús:

"¿Por qué tus discípulos quebrantan la tradición de los ancianos?" (v. 2) Entonces Jesús les respondió: *"No lo que entra*

en la boca contamina al hombre; mas lo que sale de la boca, esto contamina al hombre" (v. 11).

"Pero lo que sale de la boca, del corazón sale; y esto contamina al hombre. Porque del corazón salen los malos pensamientos, los homicidios, los adulterios, las fornicaciones, los hurtos, los falsos testimonios, las blasfemias. Estas cosas son las que contaminan al hombre; pero el comer con las manos sin lavar no contamina al hombre" (Mateo 15:18-20).

Jesús también los reprendió al decirles que eran sepulcros blanqueados (Mateo 23:27). En Israel por lo general utilizan una cueva como tumba, y pintaban la entrada de dicha tumba con cal blanca.

Sin embargo, la tumba es un lugar para colocar un cadáver, no importa cuánto lo decoremos; su interior está lleno de pudrición y de mal olor. Jesús comparó a los escribas y fariseos con sepulcros blanqueados, porque actuaban como personas santas por fuera, pero su corazón estaba lleno de diversos males y pecados.

Dios anhela que nosotros seamos hermosos no solo por fuera sino también dentro de nuestro corazón. Es por ello que Él dijo: *"...porque Jehová no mira lo que mira el hombre; pues el hombre mira lo que está delante de sus ojos, pero Jehová mira el corazón"* (1 Samuel 16:7), cuando ungió a David, un pastor, como rey de Israel.

¿Cuán puro soy en mi corazón?

Cuando predicamos el evangelio, algunas personas dicen: "No he causado mal a nadie y he llevado una buena vida, por lo tanto puedo ir al Cielo". Lo que están queriendo decir es que pueden ir al Cielo aunque no crean en Jesucristo porque tienen corazones buenos y no han cometido pecado.

No obstante, Romanos 3:10 nos dice: *"No hay justo, ni aun uno"*. No importa cuán justa y buena se crea una persona, se dará cuenta de que tiene muchas iniquidades y pecados si se refleja a sí misma con la palabra de Dios que es la verdad. Sin embargo, algunas personas dicen que no tienen ningún pecado porque no han causado daño a nadie y no han quebrantado la ley.

Por ejemplo: aunque odian a otra persona, ellos creen que no tienen pecado porque no le han causado ningún daño físico. Sin embargo, Dios nos dice que tener maldad en nuestra mente y corazón es también un pecado.

En 1 Juan 3:15, Él nos dice: *"Todo aquel que aborrece a su hermano es homicida; y sabéis que ningún homicida tiene vida eterna permanente en él"*, y en Mateo 5:28 leemos: *"Pero yo os digo que cualquiera que mira a una mujer para codiciarla, ya adulteró con ella en su corazón"*.

Aunque esto no sea un pecado con acciones, si alguien tiene odio, una mente adúltera, deseos egoístas, arrogancia, falsedad, celos y odio en su corazón, éste no es puro. Las personas que son puras de corazón no pondrán sus intereses en cosas que no tienen sentido sino que irán en pos de un corazón inmutable.

Las obras de Rut; una mujer de corazón puro

Rut era una mujer gentil quien se quedó viuda a temprana edad sin tener hijos. Ella no quería abandonar a su suegra sino que permaneció con ella incluso en momentos difíciles. Su suegra no tenía nadie en quien confiar, no obstante, por el bien de Rut, le dijo que volviera al pueblo donde había nacido. Sin embargo, ella no podía dejar sola a su suegra.

> *"Respondió Rut: No me ruegues que te deje, y me aparte de ti; porque a dondequiera que tú fueres, iré yo, y dondequiera que vivieres, viviré. Tu pueblo será mi pueblo, y tu Dios mi Dios. Donde tú murieres, moriré yo, y allí seré sepultada; así me haga Jehová, y aun me añada, que sólo la muerte hará separación entre nosotras dos"* (Rut 1:16-17).

Esta confesión de Rut contiene voluntad y corazón firme con toda su vida en servicio a su suegra. El pueblo natal de la suegra de Rut era Israel, un lugar desconocido para ella. No tenía una casa ni nada en ese lugar.

Ella no pensó en esas circunstancias, sino que solo pensó en servir a su suegra quien se encontraba sola. Rut nunca se arrepintió de la decisión que había tomado y simplemente sirvió a su suegra con un corazón inmutable.

Ya que ella tenía un corazón tan puro, pudo sacrificarse a sí misma con gozo y, de manera invariable, sirvió a su suegra.

Como resultado de ello, conoció a un hombre rico llamado Boaz, quien además era un buen hombre de acuerdo a las costumbres de Israel y tuvieron una familia muy feliz. Ella se convirtió en la bisabuela del rey David y su nombre incluso se registró dentro de la genealogía de Jesús.

Bendiciones para los puros de corazón

¿Qué tipo de bendiciones recibirá aquel que tenga un corazón puro? En Mateo 5:8 dice lo siguiente: *"Bienaventurados los de limpio corazón, porque ellos verán a Dios"*.

Siempre es causa de alegría cuando estamos con aquellos a quienes amamos. Dios es el Padre de nuestro espíritu, y Él nos ama más de lo que nosotros mismos nos amamos. Si pudiéramos verlo cara a cara y estar a Su lado, dicha felicidad no podría compararse con nada más.

Quizás alguien pregunte: "¿Cómo puede un hombre ver a Dios?" Jueces 13:22 dice: *"Y dijo Manoa a su mujer: Ciertamente moriremos, porque a Dios hemos visto"*.

En Juan 1:18 leemos: *"A Dios nadie le vio jamás..."*. En muchos lugares de la Biblia podemos encontrar que las personas no estaban supuestas a ver a Dios y, si lo hacían, morirían.

No obstante, Éxodo 33:11 dice: *"Y hablaba Jehová a Moisés cara a cara, como habla cualquiera a su compañero..."*. Cuando los israelitas llegaron al Monte Sinaí luego del Éxodo, Dios descendió; pero ellos no podían acercarse por temor a morir, sin embargo, Moisés sí pudo ver a Dios (Éxodo 20:18-19).

Además de ello, Génesis 5:21-24 nos muestra que Enoc caminó con Dios.

> *"Vivió Enoc sesenta y cinco años, y engendró a Matusalén. Y caminó Enoc con Dios, después que engendró a Matusalén, trescientos años, y engendró hijos e hijas. Y fueron todos los días de Enoc trescientos sesenta y cinco años. Caminó, pues, Enoc con Dios, y desapareció, porque le llevó Dios".*

'Caminó con Dios'; no significa que Dios mismo descendió a la Tierra y caminó con Enoc, sino que Enoc siempre se comunicaba con Dios y era Él quien tenía el control de todo en la vida de Enoc.

Algo que debemos conocer es que 'caminar junto' y 'estar junto' son cosas diferentes la una de la otra. 'Estar junto a Dios' significa que Él nos cuida con Sus ángeles.

Cuando intentamos vivir mediante la Palabra, Dios nos protege, pero solo podemos llegar a caminar con Dios cuando nos santificamos por completo. Por consiguiente, al ver el hecho de que Enoc caminó con Dios durante trescientos años, podemos apreciar cuánto fue amado por parte de Dios.

La bendición de ver a Dios

Entonces, ¿cuál es la razón por la que algunas personas no pueden ver a Dios, mientras que otros pueden hacerlo cara a cara e incluso caminar con Él?

3 Juan 1:11 dice: *"Amado, no imites lo malo, sino lo bueno. El que hace lo bueno es de Dios; pero el que hace lo malo, no ha visto a Dios"*. Como acabamos de leer, aquellos que son puros de corazón pueden ver a Dios, pero aquellos que no tienen un corazón limpio debido a la maldad, no pueden verlo.

Podemos verlo en el caso de Esteban que se convirtió en un mártir mientras predicaba el evangelio en el tiempo de la iglesia primitiva. En Hechos 7 podemos ver que Esteban había predicado el evangelio de Jesucristo y que estaba orando por aquellos que lo estaban apedreando. Esto significa que en esa medida, él era puro y no tenía pecados en su corazón, es por ello que él pudo ver al Señor que estaba parado a la diestra de Dios.

Aquellos que pueden ver a Dios son puros de corazón y son quienes pueden ir a una mejor morada en el Cielo, en el tercer reino de los cielos o superior. Ellos pueden ver más de cerca al Señor y a Dios, y disfrutar de la felicidad por siempre.

Pero aquellos que están en el primer reino de los cielos o en el segundo, no pueden ver al Señor de cerca aunque quieran hacerlo, ya que la luz espiritual que irradian y el lugar de morada son diferentes de acuerdo al nivel de santificación.

Cómo llegar a ser puros de corazón

El Dios santo y perfecto quiere que nosotros seamos perfectos y puros, no solo en las obras, sino también en el corazón, al abstenernos de los pecados que están profundamente dentro de nuestros corazones. Es por ello que Él dice: *"porque escrito está: Sed santos, porque yo soy santo"* (1 Pedro 1:16), y *"pues la voluntad de Dios es vuestra santificación; que os apartéis de fornicación"* (1 Tesalonicenses 4:3).

Ahora, ¿qué debemos hacer para tener el corazón puro que Dios requiere de nosotros y alcanzar santidad en nuestras vidas?

Aquellas personas que solían enfadarse deben abstenerse de la ira y llegar a ser amables. Los que solían ser arrogantes deben quitar esa arrogancia y humillarse a sí mismos. Los que solían odiar a los demás deben cambiar para poder amar incluso a sus enemigos. En pocas palabras, hay que deshacerse de toda forma de maldad y luchar contra el pecado al punto de derramar sangre (Hebreos 12:4).

En la medida que nosotros nos abstengamos de la maldad de nuestros corazones, escuchemos la voz de Dios, la pongamos en práctica y llenemos nuestra vida con la verdad, podremos tener corazones puros. Será inútil si solo oímos la Palabra pero no la ponemos en práctica. Supongamos que la ropa está sucia y nosotros simplemente decimos: "Oh, tengo que lavarla", pero la dejamos como está.

Por consiguiente, si nos damos cuenta de las cosas sucias

en nuestro corazón al escuchar la Palabra de Dios, debemos esforzarnos en gran manera para abstenernos de ellas. Por supuesto, la pureza del corazón no puede alcanzarse simplemente con la fuerza de un hombre y su voluntad. Podemos comprender esto por medio de la confesión del apóstol Pablo.

> *"Porque según el hombre interior, me deleito en la ley de Dios; pero veo otra ley en mis miembros, que se rebela contra la ley de mi mente, y que me lleva cautivo a la ley del pecado que está en mis miembros. ¡Miserable de mí! ¿quién me librará de este cuerpo de muerte?"* (Romanos 7:22-24)

En este caso, 'el hombre interior' se refiere al corazón original dado por Dios, el cual es el corazón de la verdad que se regocija en la ley de Dios y en buscar de Él. Por otra parte, existe el corazón de la falsedad que desea cometer pecados, por lo tanto no podemos abstenernos del pecado solamente con nuestro esfuerzo.

Por ejemplo: podemos ver esto en personas que no pueden fácilmente dejar de beber o fumar. Ellos conocen que el cigarrillo y el alcohol excesivo es dañino, pero no pueden dejarlo. Hacen propósitos para el Año Nuevo e intentan dejarlo pero en realidad no pueden.

Ellos saben que les causará daño, pero debido a que les gusta, no pueden dejarlo. Sin embargo, si reciben la fortaleza de parte de Dios, pueden dejarlo en seguida.

Lo mismo sucede con el pecado y la maldad en nuestros

corazones. 1 Timoteo 4:5 dice: *"Porque por la palabra de Dios y por la oración es santificado"*. Como se menciona, cuando nos damos cuenta de la verdad por medio de la Palabra de Dios y recibimos Su gracia, fortaleza y la ayuda del Espíritu Santo por medio de la oración ferviente, podemos abstenernos del mal.

Para lograr esto, lo que necesitamos es nuestro esfuerzo y fuerza de voluntad para practicar la Palabra de Dios. No debemos simplemente detenernos luego de haber practicado la Palabra un par de veces. Si oramos y de vez en cuando ayunamos hasta que finalmente cambiamos, entonces podremos realmente abstenernos de todos los pecados y tener corazones puros.

La persona pura de corazón recibe respuestas y bendiciones

Las bendiciones de aquellos que son puros de corazón no son simplemente ver la imagen de Dios el Padre, sino que reciben las respuestas a los deseos de sus corazones por medio de las oraciones y, de esta manera, pueden experimentar a Dios en sus vidas.

Jeremías 29:12-13 dice: *"Entonces me invocaréis, y vendréis y oraréis a mí, y yo os oiré; y me buscaréis y me hallaréis, porque me buscaréis de todo vuestro corazón"*. Ellos recibirán las respuestas de parte de Dios por medio de la oración ferviente, por lo que tendrán muchos testimonios en sus vidas.

Sin embargo, a veces vemos algunos nuevos creyentes que

acaban de aceptar a Jesucristo, y en realidad no viven en la verdad, pero reciben respuestas a sus oraciones. Aunque sus corazones no son completamente puros, ellos tienen un encuentro y experimentan al Dios vivo.

Esto es como el caso de los niños pequeños que hacen algo realmente tierno y sus padres les dan lo que ellos quieren. Aunque aún no han alcanzado un corazón completamente puro, en la medida que agraden a Dios dentro de la medida de su fe, pueden recibir las respuestas a varias de sus oraciones.

Luego de haber conocido a Dios, ser sanado de todas mis enfermedades y recuperar mi salud, comencé a buscar un trabajo. No obstante, aunque me ofrecían buenas condiciones, no aceptaba ninguna de esas ofertas si es que no podía guardar el Día del Señor como día santo debido al trabajo. Me esforcé al máximo por seguir el camino correcto con un corazón puro delante de Dios.

Él estuvo complacido con este tipo de corazón y me guio a abrir una pequeña tienda de alquiler de libros. El negocio estaba marchando bien y estaba planeando mudarme a un local más grande cuando escuché que había un lugar agradable.

Cuando fui a ese lugar, el dueño de aquél negocio no quería firmar el contrato conmigo porque su negocio no estaba marchando bien debido a que mi negocio sí lo estaba haciendo. Tuve que olvidarme de ese local, pero cuando comencé a pensar desde su propio punto de vista, me sentí apenado y comencé a orar para que sea bendecido desde lo profundo de mi corazón.

Luego me enteré que una gran librería abriría justo en frente del local que yo quería. En ese caso yo no hubiera podido competir con un negocio tan grande. Dios, que conoce todas las cosas, obró para el bien de todo e impidió que firme ese contrato.

Luego de ello, comencé a realizar otro tipo de negocio. En este nuevo negocio yo no aceptaba a ningún estudiante revoltoso. Además no aceptaba que fumen ni bebieran alcohol en mi negocio. El día domingo, cuando se suponía que había el mayor número de clientes, yo cerraba las puertas para guardar el Día del Señor como día santo. En el pensamiento humano, el negocio no podría marchar bien de ninguna manera. Sin embargo, el número de clientes aumentó al igual que las ventas. Por lo tanto todas las personas reconocieron que era por la bendición de Dios.

Por cierto, como llevamos una vida cristiana, también recibimos el don de hablar en lenguas y los dones del Espíritu Santo. Esta es parte de la bendición de 'ver a Dios'.

> *"A otro, fe por el mismo Espíritu; y a otro, dones de sanidades por el mismo Espíritu. A otro, el hacer milagros; a otro, profecía; a otro, discernimiento de espíritus; a otro, diversos géneros de lenguas; y a otro, interpretación de lenguas. Pero todas estas cosas las hace uno y el mismo Espíritu, repartiendo a cada uno en particular como él quiere"* (1 Corintios 12:9-11).

Lo que tenemos que recordar es que si verdaderamente amamos a Dios, entonces no debemos conformarnos solo con la fe de un niño, sino que debemos esforzarnos al máximo para abstenernos de toda maldad en nuestros corazones y rápidamente ser santificados para que de esta manera podamos madurar en la fe y comprender el corazón de Dios.

2 Corintios 7:1 dice: *"Así que, amados, puesto que tenemos tales promesas, limpiémonos de toda contaminación de carne y de espíritu, perfeccionando la santidad en el temor de Dios".* Como menciona este verso, debemos abstenernos de toda contaminación del corazón y alcanzar la santidad.

Ruego que cada uno de nosotros seamos prósperos en todas las cosas y que podamos recibir lo que pidamos, al igual que un árbol plantado junto a aguas que no se secará, sino que dará abundante fruto aunque haya sequía. Es también mi anhelo que todos podamos ver a Dios cara a cara en el eterno reino de los cielos.

Capítulo 7
La séptima bendición

—◦≈◦—

Bienaventurados los pacificadores, porque ellos serán llamados hijos de Dios

Matthieu 5:9

"Bienaventurados los pacificadores, porque ellos serán llamados hijos de Dios".

Cuando hay dos países que comparten una misma frontera, puede ser que tengan conflictos o incluso guerras para obtener sus propios beneficios o ventajas. Existen dos países que comparten la misma frontera pero que han disfrutado de paz por mucho tiempo. Estos países son Argentina y Chile.

Hace mucho tiempo atrás, tuvieron una crisis que casi los llevó a la guerra debido a los conflictos en las fronteras. Los líderes religiosos de ambos países les suplicaron a las personas diciéndoles que el amor era la única manera de mantener la paz entre ambos países. Las personas aceptaron lo que se les dijo y eligieron la paz. Pusieron un cartel con el versículo bíblico en Efesios 2:14, que dice: *"Porque él es nuestra paz, que de ambos pueblos hizo uno, derribando la pared intermedia de separación"*.

Tener paz entre países es tener buenas relaciones entre ellos, y en lo que respecta a las relaciones personales, deben sentirse cómodos en sus corazones. No obstante, el significado espiritual de tener paz con Dios es un poco diferente. Es sacrificar nuestras vidas por los demás y servirlos, y también humillarnos a nosotros mismos para poder levantar a otras personas. Tampoco debemos comportarnos de manera grosera, y aunque estemos en lo correcto, podemos seguir las opiniones de los demás a menos que sean falsas.

Esto es buscar el beneficio de los demás y no insistir en nuestras opiniones personales sino considerar primeramente la de otras personas. Es seguir las opiniones de otras personas y no tener parcialidad, y ser compatibles mutuamente con ambas partes de un problema o una situación que se presente. Para ser un pacificador necesitamos sacrificarnos a nosotros mismos. Por consiguiente, el significado espiritual de paz es el de sacrificarnos a nosotros mismos incluso para entregar nuestras vidas.

Jesús hizo la paz mediante su propio sacrificio

Cuando Dios creó al primer hombre Adán, él era un espíritu viviente. Él disfruto la autoridad de gobernar sobre todas las cosas. Sin embargo, cuando el pecado entró en su vida al comer el fruto prohibido, Adán y todos sus descendientes llegaron a ser pecadores. Ahora existe un muro de pecado entre Dios y el hombre.

Como leemos en Colosenses 1:21: *"Y a vosotros también, que erais en otro tiempo extraños y enemigos en vuestra mente, haciendo malas obras, ahora os ha reconciliado"*, los hombres fueron extraños para Dios debido a su pecado.

La humanidad se volvió pecadora desde el tiempo de Adán, y Jesús, el Hijo de Dios; fue quien se convirtió en el sacrificio expiatorio para nosotros. Él murió en la cruz para destruir el muro de pecado entre Dios y el hombre y hacer la paces.

Quizás uno se pregunte: "¿Por qué toda la humanidad tuvo que ser pecadora debido al pecado de Adán cuando fue solo él quien pecó?" De alguna manera, es como hace mucho tiempo atrás en el tiempo de los esclavos. Una vez que usted se convertía en esclavo, todos sus descendientes nacían como esclavos.

Romanos 6:16 dice: *"¿No sabéis que si os sometéis a alguien como esclavos para obedecerle, sois esclavos de aquel a quien obedecéis, sea del pecado para muerte, o sea de la obediencia para justicia?"* Debido a que Adán obedeció al enemigo diablo y Satanás y cometió pecado, todos, después de él, se convirtieron en pecadores.

Para traer la paz entre Dios y la humanidad que llegó a ser pecadora, Jesús, que no tenía pecado, fue crucificado. Colosenses 1:20 nos dice: *"...y por medio de él reconciliar consigo todas las cosas, así las que están en la tierra como las que están en los cielos, haciendo la paz mediante la sangre de su cruz".* Jesús se convirtió en el sacrificio expiatorio para el perdón de nuestros pecados y fue quien trajo paz entre Dios y las personas.

¿Es usted un pacificador?

Así como Jesús vino a este mundo en carne y se convirtió en pacificador, Dios anhela que tengamos paz con todas las personas. Por supuesto, cuando creemos en Dios y aprendemos la verdad, por lo general no quebrantaremos la paz de manera intencional. Sin embargo, mientras tengamos nuestra propia justicia y creamos que nosotros estamos en lo correcto, quizás quebrantemos la paz sin darnos cuenta de ello.

Podemos comprender si somos este tipo de personas al examinar si estamos haciendo todo para adecuarnos a los demás, o si ellos están haciendo todo para adecuarse a nosotros. Por ejemplo: entre un esposo y una esposa, supongamos que a la esposa no le gusta la comida con mucha sal, mientras que al esposo le gusta la comida salada.

La esposa le dice a su marido que la comida con mucha sal no es buena para la salud, sin embargo a él le agrada la comida salada. La esposa no logra entenderlo. Desde el punto de vista del esposo, él no puede fácilmente cambiar el sabor de su paladar.

En este caso, si la esposa insiste en que su marido siga su consejo debido a que ella está en lo correcto, puede hacer que surja una pelea. Por consiguiente, para tener paz, debemos considerar a los demás y ayudarles a entender que deben hacer cambios poco a poco para su bien.

De igual manera, cuando vemos a nuestro alrededor, podemos ver fácilmente que la paz se quebranta debido a estas cosas insignificantes. Esto se da por nuestra propia justicia, porque pensamos que estamos en lo correcto.

Por consiguiente, debemos examinar nuestras vidas, si es que estamos buscando nuestro propio beneficio antes que el beneficio de los demás, o si es que insistimos en nuestras propias opiniones porque estamos en lo correcto y hablamos de la verdad, a pesar de que sabemos que la otra persona está pasando por un momento difícil. Además debemos examinar si es que queremos que nuestros subordinados nos obedezcan incondicionalmente y nos sigan solo porque somos mayores que ellos.

Entonces podemos darnos cuenta si es que realmente somos

pacificadores. Por lo general es fácil tener paz con aquellos que son buenos con nosotros. Sin embargo, Dios nos dice que tengamos paz con todas las personas y que seamos santos.

"Seguid la paz con todos, y la santidad, sin la cual nadie verá al Señor" (Hebreos 12:14).

Debemos tener paz incluso con aquellos a quienes no les somos de agrado, que nos odian o nos causan dificultades. Aunque parezca que estamos en lo correcto, si otra persona está pasando por un momento difícil o se siente incómoda por causa nuestra, no es correcto a los ojos de Dios. Entonces, ¿cómo podemos tener paz con todas las personas?

Tener paz con Dios

Primeramente debemos tener paz con Dios.

Isaías 59:1-2 dice: *"He aquí que no se ha acortado la mano de Jehová para salvar, ni se ha agravado su oído para oír; pero vuestras iniquidades han hecho división entre vosotros y vuestro Dios, y vuestros pecados han hecho ocultar de vosotros su rostro para no oír".* Si cometemos pecados, un muro de pecado nos bloqueará de Dios.

Por consiguiente, para tener paz con Dios no debemos tener muro de pecado que se produce cuando pecamos en contra de Él.

Cuando aceptamos a Jesucristo, somos perdonados de todos nuestros pecados que hayamos cometido hasta ese momento (Efesios 1:7). Debido a esto, el muro de pecado entre Dios y nosotros es destruido y se establece la paz.

No obstante, debemos tener presente que si seguimos cometiendo pecados después de que nuestros pecados fueron perdonados, se crea nuevamente un muro de pecado.

Podemos comprender a través de la Biblia que muchos tipos de problemas son causados por el pecado. Cuando Jesús sanó a un paralítico en Mateo 9, primeramente le perdonó sus pecados. Después de sanar a un hombre que había estado enfermo por 38 años, le dijo en Juan 5:14, lo siguiente: *"...mira, has sido sanado; no peques más, para que no te venga alguna cosa peor"*.

Por ende, cuando nosotros nos arrepentimos de nuestro pecado y cambiamos, y vivimos mediante la Palabra de Dios, podemos tener paz con Él; de esta manera podremos recibir bendiciones como Sus hijos. Si tenemos una enfermedad seremos sanados y saludables; si atravesamos por dificultades financieras, los problemas desaparecerán y seremos ricos. De esta manera, recibiremos respuestas a los deseos de nuestros corazones.

Tener paz con nosotros mismos

Mientras tengamos odio, envidia, celos y otros tipos de cosas malas, estos se agitan de acuerdo a la situación, por lo tanto, sufriremos por causa de ellos y no tendremos paz.

Existe un proverbio coreano que dice: "Cuando un primo compra tierra, te duele el estómago". Esta es una expresión de envidia. Se refiere a que, por causa de la envidia, una persona sufre debido a que no le gusta que los demás sean favorecidos. Asimismo, mientras tengamos envidia, celos, arrogancia, disputas, mentes adúlteras y otras forma de maldad en nuestro corazón, no podremos tener paz. El Espíritu Santo en nosotros gemirá, por lo tanto nuestros corazones se sentirán angustiados.

Por consiguiente, para tener paz con nosotros mismos debemos abstenernos de la maldad en nuestros corazones y seguir los deseos del Espíritu Santo.

Cuando aceptamos a Jesucristo y tenemos paz con Dios, Él nos envía el don del Espíritu Santo a nuestros corazones (Hechos 2:38).

El Espíritu Santo, el corazón de Dios, nos permite llamar a Dios 'Padre' y permite que nos demos cuenta del pecado, la justicia y el juicio. De esta manera, los hijos de Dios pueden vivir mediante Su Palabra y ser guiados por el Espíritu Santo.

Cuando practicamos la Palabra de Dios y seguimos los deseos del Espíritu Santo mediante Su ayuda, Él se regocija en nuestro corazón. Por lo tanto, podemos tener consuelo en el corazón y paz con nosotros mismos.

Además, en la medida que nos despojemos completamente de la maldad en nuestros corazones, no tendremos que batallar más en contra del pecado y de esa manera tendremos completa paz con nosotros mismos. Solo después de tener paz con nosotros mismos, podremos tener paz con las demás personas.

Tener paz entre las personas

A veces podemos ver a personas que tienen fervor y pasión por las responsabilidades que Dios les ha entregado; aman a Dios y se dedican por completo, pero no tienen paz con el resto de sus hermanos en la fe.

Si ellos piensan que es de beneficio para el reino de Dios, no escuchan la opinión de otras personas sino que continúan avanzando con pasión en sus responsabilidades. Entonces, los demás se pondrán incómodos y tendrán sentimientos de oposición hacia ellos.

En este tipo de situación, aquellos que no tengan paz con los demás, pensarán que es el precio que deben pagar para que de esta manera puedan alcanzar algo bueno en el reino de Dios. En realidad no importa incluso si hay algunas personas que tienen opiniones opuestas a la de ellos o que hayan causado que surjan sentimientos incómodos en otras personas.

No obstante, aquellos que poseen bondad, considerarán a todas las personas involucradas para que de esta manera puedan seguir la paz y abrazar a los demás; así muchas personas se acercarán a ellos.

La bondad es el corazón de la verdad que sigue la bondad en realidad. Es también ser bueno y generoso, además, es considerar a otros mejores que nosotros y preocuparnos por ellos (Filipenses 2:3-5).

En Mateo 12:19-20 leemos: *"No contenderá, ni voceará, ni nadie oirá en las calles su voz. La caña cascada no quebrará, y el pábilo que humea no apagará, hasta que saque a victoria el juicio".*

Si tenemos este tipo de bondad, no pelearemos con el resto de personas, ni tampoco intentaremos jactarnos o ser exaltados. Amaremos incluso a aquellos que son como la caña cascada o aun a los que son malos como el pábilo que humea. Los abrazaremos anhelando lo mejor para ellos.

Por ejemplo: supongamos que el primer hijo compra muy buenos regalos para sus padres debido al amor que les tiene, pero critica a su hermano que no puede hacer lo mismo, ¿cómo se sentirán sus padres? Probablemente ellos querrán que sus hijos tengan paz y amor entre ellos en vez de recibir regalos lindos y costosos.

De igual manera, Dios quiere que entendamos Su corazón y que nos asemejemos a este primeramente, antes de que cumplamos en gran manera con Su reino. A menos que sea absolutamente parte de la falsedad, debemos considerarnos de fe débil con respecto a los demás para seguir la paz.

Desde que he pastoreado esta iglesia, nunca he tenido ningún sentimiento incómodo en contra de aquellos pastores u obreros que no han producido frutos apropiados. Los he visto con ojos de fe y con perseverancia hasta que recibieron más fortaleza de parte de Dios y cumplieron bien con sus responsabilidades.

Si tan solo insistiera en mi propio punto de vista, es probable que quizás les hubiera aconsejado algo como: "¿Por qué no hace otro tipo de trabajo ahora y recibe más poder el próximo año y luego puede regresar nuevamente a este trabajo?"

No obstante, con el temor de que alguien se desaliente, no lo he hecho. Cuando tenemos bondad para no romper la caña cascada o apagar de un soplo el pábilo que humea, podemos tener paz con el resto de personas.

Paz por medio de nuestro sacrificio

Juan 12:24 dice: *"De cierto, de cierto os digo, que si el grano de trigo no cae en la tierra y muere, queda solo; pero si muere, lleva mucho fruto".* Como leemos en este verso, cuando nos sacrificamos por completo en cada área, podemos tener paz y abundante fruto. Es decir, cuando la semilla cae en la tierra y muere, puede germinar y dar fruto.

¿Qué fue lo que hizo Jesús? Él se sacrificó por completo; fue crucificado por la humanidad en la que son todos pecadores, abrió el camino a la salvación y recuperó un número incontable de hijos de Dios.

De igual manera, cuando primeramente nos sacrificamos, servimos a los demás en cada área; sea en la familia, en nuestro lugar de trabajo o la iglesia, entonces podemos tener el hermoso fruto de paz.

Cada uno tiene diferentes medidas de fe (Romanos 12:39). Cada uno tiene diferentes opiniones e ideas. El nivel de educación, el carácter y las circunstancias en las que fueron criados son todas diferentes, por lo tanto, cada uno tiene diferentes tipos de normas, gustos y lo que se cree que es correcto.

Cada uno posee diferentes normas y, por lo tanto, si cada persona insiste en lo que quiere, no podremos tener paz. Y aunque estemos en lo correcto y nos sintamos desconformes con otras personas, debemos sacrificarnos para poder tener paz.

Supongamos que dos hermanas que tienen estilos de vida completamente diferentes deben compartir una sola habitación.

A la mayor le gusta que todas las cosas estén limpias, pero a la menor no le interesa eso. Entonces la hermana mayor le pide a la menor que cambie, pero cuando la hermana menor no la escucha, la mayor se molesta. Finalmente la mayor lo expresará y por ende surgirá una pelea.

En este caso, tener una habitación limpia es mucho mejor, pero si nos enojamos y ofendemos a las personas con nuestras palabras, no es correcto. Aunque es posible que enfrentemos algo incómodo, debemos esperar con amor por aquella persona hasta que cambie para tener paz.

Había un hombre llamado Minson quien perdió a su madre cuando era joven. Su madrasta tenía dos hijos.

Ella maltrataba a Minson ya que daba buena comida y ropa

solo a sus propios hijos. Minson tenía que temblar de frío debido a que tenía que usar ropa hecha de caña.

Un día frío de invierno, mientras Minson estaba empujando el carrito que su padre estaba llevando, temblaba tanto que su temblor pasó al carrito. El padre tocó la ropa de su hijo y finalmente se dio cuenta que estaba llevando ropa hecha de caña.

"¿Cómo pudo ella hacer algo así?", él estaba realmente furioso y estaba a punto de echar a su nueva esposa de la casa. No obstante, Minson le rogó a su padre que no lo hiciera, diciéndole: "Papá, por favor no estés molesto. Cuando la madre está aquí, solo un hijo sufrirá, pero si tú la echas de la casa, los tres hijos sufrirán".

La madrastra se conmovió tanto por lo que él dijo, que se arrepintió de su mal comportamiento con lágrimas y luego de ello tuvieron una familia muy feliz.

De igual manera, aquellos que son mansos como el algodón y no tienen rencillas ni problemas con los demás, serán acogidos y amados por el resto de personas. Este es el tipo de personas que son pacificadores. Pueden sacrificarse a sí mismos por los demás e incluso dar sus vidas por ellos.

Abraham, el pacificador

La mayoría de personas quieren tener paz en sus vidas, pero en realidad no pueden hacerlo. Esto se debe a que van en búsqueda de sus propios beneficios y ventajas.

Si no buscamos por nosotros mismos, puede parecer que enfrentaremos pérdida, pero con los ojos de la fe esto no es cierto. Cuando seguimos la voluntad de Dios para buscar el beneficio de los demás, Dios nos pagará con Sus respuestas y bendiciones.

En Génesis 13 vemos a Abraham y a su sobrino Lot. Lot había perdido a su padre a temprana edad, por lo que siguió a Abraham como a su propio padre. Como uno de los resultado de esto, él también recibió bendiciones cuando Abraham fue amado y bendecido por Dios, por lo que sus posesiones fueron sustanciales. No solo plata y oro, sino que también tenían mucho ganado. Por lo tanto, el agua no era suficiente, y los pastores de ambos lados comenzaron a pelear.

Finalmente, para prevenir las peleas entre las familias, Abraham decidió separar el lugar en el que iba a habitar cada uno. En ese momento, Abraham le dio a Lot el derecho de elegir la mejor tierra.

"¿No está toda la tierra delante de ti? Yo te ruego que te apartes de mí. Si fueres a la mano izquierda, yo iré a la derecha; y si tú a la derecha, yo iré a la izquierda" (Génesis 13:9).

De esta manera, Lot escogió el valle del Jordán ya que este tenía una gran cantidad de agua. Desde el punto de vista de Abraham, Lot era bendecido por causa de él, y en el orden familiar él era el tío y Lot el sobrino, por lo que él podría haber escogido primeramente la mejor tierra. Además, si Abraham le hubiera dado el derecho de escoger primero a Lot como una simple acción, habría pensado que era un acto inapropiado para Lot.

Sin embargo, desde lo profundo de su corazón, Abraham quería que su sobrino tomara la mejor tierra. Es por ello que él pudo tener paz con Lot, y como resultado, él recibió bendiciones más grandes de parte de Dios.

"Y Jehová dijo a Abram, después que Lot se apartó de él: Alza ahora tus ojos, y mira desde el lugar donde estás hacia el norte y el sur, y al oriente y al occidente. Porque toda la tierra que ves, la daré a ti y a tu descendencia para siempre. Y haré tu descendencia como el polvo de la tierra; que si alguno puede contar el polvo de la tierra, también tu descendencia será contada. Levántate, ve por la tierra a lo largo de ella y a su ancho; porque a ti la daré" (Génesis 13:14-17).

Ya que la riqueza y autoridad de Abraham fue tan grande, fue incluso respetado por los reyes a su alrededor. Con el tipo de buen corazón que tenía, pudo incluso ser llamado 'amigo de Dios'.

El que busca el beneficio de las demás personas en todas las cosas, hará las cosas que otros quieren y no lo que solo él quiere.

Si recibe un golpe en la mejilla izquierda, pondrá también su mejilla derecha. Puede dar su capa al igual que su túnica a alguien que se lo pida, y podrá caminar dos millas con quien le obligue a caminar por una milla (Mateo 5:39-41).

Así como Jesús oro por aquellos que lo estaban crucificando, usted puede también orar por sus enemigos y por sus bendiciones. Puede también orar por aquellos que le causan persecución. Cuando nos sacrificamos desde lo profundo de nuestros corazones y buscamos el beneficio de los demás, podemos tener paz.

Paz solo en la verdad

Algo de lo que debemos tener cuidado es que existe una diferencia entre ser paciente y cubrir las faltas de los demás para tener paz y simplemente ignorar algo de manera despectiva. Tener paz no significa que simplemente evitamos nuestro compromiso con una persona cuando un hermano está en pecado. Sino que debemos tener paz con todas las personas pero dentro de la verdad.

Por ejemplo: puede ser que un miembro de la familia o un colega en el trabajo nos pida que nos postremos ante un ídolo. Quizás nos pidan que bebamos alcohol, pero esto está en contra de la Palabra de Dios (Éxodo 20:4-5; Efesios 5:18), por lo tanto debemos rechazarlo y escoger el camino que es agradable para Dios.

No obstante, cuando hacemos esto, debemos ser sabios y no herir los sentimientos de las demás personas. Debemos ser amables con ellos en todo tiempo y ganar sus corazones con nuestra fidelidad. De esta manera podremos persuadirlos con un corazón manso y pedir que sean comprensivos.

Este es el testimonio de una de las hermanas en nuestra iglesia. Anteriormente ella era una trabajadora, pero tuvo algunos problemas con sus compañeros de trabajo por algún tiempo. Querían que saliera a pasear con ellos y a estar en otras reuniones los días domingos, pero esta hermana quería guardar el Día del Señor como día santo.

Por lo tanto, sus colegas y autoridades la excluyeron intencionalmente, pero a ella no le molestó y simplemente continuó trabajando con fidelidad, incluso haciendo cosas de manera voluntaria que le correspondían a otros trabajadores. Cuando las personas vieron que ella emanaba este tipo de fragancia de Cristo, su corazón se sintió muy conmovido. Ahora, ellos se reúnen en días distintos al domingo e incluso establecen el día sábado para casarse y no el domingo.

La bendición de ser llamados hijos de Dios

Mateo 5:9 dice: *"Bienaventurados los pacificadores, porque ellos serán llamados hijos de Dios"*. ¡Cuán bendecido es ser llamado un hijo de Dios!

En este caso, 'hijo' no solo se refiere a los hombres sino a todos los hijos e hijas de Dios. Sin embargo, es un poco diferente a los 'hijos' en Gálatas 3:26 donde leemos: *"Pues todos sois hijos de Dios por la fe en Cristo Jesús"*. En Gálatas se refiere a los hijos que son salvos. Por otro lado, los 'hijos de Dios' que son pacificadores tienen un significado más profundo. Es decir, son los hijos verdaderos a quienes Dios mismo reconoce.

Todo aquel que ha aceptado a Jesucristo y tiene fe, es un hijo de Dios. Juan 1:12 dice: *"Mas a todos los que le recibieron, a los que creen en su nombre, les dio potestad de ser hechos hijos de Dios"*. Sin embargo, aunque todos hemos sido salvos y nos hemos convertido en hijos de Dios, no todos los creyentes son iguales.

Por ejemplo: entre todos los hijos, existen algunos que entienden el corazón de sus padres y brindan consuelo, mientras que hay otros que solo les hacen pasar momentos difíciles a sus padres.

De igual manera, incluso desde el punto de vista de Dios, algunos hijos rápidamente se abstienen de la maldad que hay en sus corazones y obedecen la Palabra, mientras que otros hijos no cambian ni siquiera después de un gran período de tiempo, sino que siguen siendo desobedientes.

En este caso, ¿a qué tipo de hijos Dios considera mejores? Obviamente a aquellos que se asemejan al Señor, tienen corazones puros y obedecen la Palabra. Es por ello que Génesis 17:1 dice: *"...Yo soy el Dios Todopoderoso; anda delante de mí y sé perfecto"*. Dios anhela que Sus hijos sean bendecidos y perfectos.

Para que nosotros podamos ser llamados hijos de Dios,

debemos asemejarnos a la imagen de Jesús nuestro Salvador (Romanos 8:29). Jesús, el Hijo de Dios, se convirtió en pacificador al sacrificarse a Sí mismo, incluso hasta Su crucifixión.

De igual manera, cuando nos asemejamos a Jesús al sacrificar nuestras vidas y seguir la paz, podemos ser llamados hijos de Dios. De esta manera también podemos disfrutar de la autoridad espiritual y el poder que disfruta Jesús (Mateo 10:1).

Del mismo modo que Jesús sanó muchas enfermedades, echó fuera demonios y revivió a los muertos, si nosotros somos llamados hijos de Dios, podemos incluso sanar enfermedades incurables como el cáncer, el SIDA y la leucemia.

Además, incluso los paralíticos, los ciegos, los sordos, los mudos y aquellos que tienen parálisis infantil pueden ser sanados. Sus ojos serán abiertos, llegarán a caminar e incluso los muertos serán levantados.

El enemigo diablo tiene miedo y tiembla, por lo tanto, aquellos que son capturados por demonios o el poder de las tinieblas, serán liberados (Marcos 16:17-18). Habrá manifestaciones de obras de sanidad que sobrepasan las limitaciones del tiempo y el espacio. También pueden ocurrir obras extraordinarias por medio de las cosas que poseemos, tales como un pañuelo, como fue el caso del apóstol Pablo (Hechos 19:11-12).

Además, así como Jesús calmó la tormenta y las olas, nosotros también podremos ocasionar un cambio en las condiciones de clima (Mateo 8:26-27). Se detendrán las lluvias, e incluso podremos cambiar el curso de un tifón o un huracán y además hacer que desaparezca. Podemos incluso ver un arco iris en un día totalmente despejado.

Aparte de esto, si somos llamados hijos de Dios, entraremos a la Nueva Jerusalén donde está el trono de Dios. Allí podremos disfrutar el honor y la gloria como Sus hijos verdaderos. Si tenemos fe para ser salvos podremos entrar al Paraíso, pero si nos convertimos en hijos verdaderos que pueden ser llamados hijos de Dios, podremos ingresar a la Nueva Jerusalén, la morada más hermosa del reino de los Cielos.

¡La gloria y honor de un príncipe que recibe el trono es muy grande! Si nosotros nos asemejamos a Dios quien es el Soberano de todas las cosas y somos llamados hijos de Dios, ¡nuestra honra y dignidad serán grandiosas! Estaremos acompañados por las huestes celestiales y los ángeles, y seremos elogiados por innumerables personas en el reino celestial para siempre.

Además disfrutaremos de todo tipo de cosas hermosas, y casas grandiosas y espléndidas en la Nueva Jerusalén. Viviremos por la eternidad en una inexplicable magnitud de felicidad.

Por consiguiente, debemos llevar nuestra cruz y llegar a ser pacificadores con el corazón del Señor quien se ha sacrificado a Sí mismo al punto de haber sido crucificado, para que nosotros podamos recibir el grandioso amor y bendiciones de Dios.

Capítulo 8
La octava bendición

—⚘—

Bienaventurados los que padecen persecución por causa de la justicia, porque de ellos es el reino de los cielos

Mateo 5:10

"Bienaventurados los que padecen persecución por causa de la justicia, porque de ellos es el reino de los cielos".

"Crea en Jesucristo y reciba salvación".

"Usted puede recibir bendiciones en todas las cosas al creer en el Dios Todopoderoso".

A menudo los predicadores dicen que cuando creemos en Jesucristo podemos recibir salvación y bendiciones en todas las cosas, y podemos ser prósperos en nuestras vidas al recibir respuestas en todos los tipos de problemas de la vida.

En nuestra iglesia semanalmente le damos la gloria a Dios con una gran cantidad de testimonios.

No obstante, la Biblia nos dice que padeceremos dificultades y persecuciones cuando creamos en Jesucristo. Recibiremos bendiciones de vida eterna y bendiciones sobre la Tierra en la medida que nos resignemos y nos sacrifiquemos por el bien del Señor, pero de esta manera también recibiremos persecuciones (Filipenses 1:29).

"Respondió Jesús y dijo: De cierto os digo que no hay ninguno que haya dejado casa, o hermanos, o hermanas, o padre, o madre, o mujer, o hijos, o tierras, por causa de mí y del evangelio, que no reciba cien veces más ahora en este tiempo; casas, hermanos, hermanas, madres, hijos, y tierras, con persecuciones; y en el siglo venidero la vida eterna" (Marcos 10:29-30).

Padecer persecución por causa de la justicia

¿A qué se refiere con padecer persecución por causa de la justicia? Es la persecución que sufrimos cuando vivimos mediante la Palabra de Dios siguiendo la verdad, la bondad y la luz.

Por supuesto, no debemos enfrentar persecuciones si simplemente nos comprometemos y no llevamos un vida cristiana apropiada. Sin embargo, 2 Timoteo 3:12 dice: *"Y también todos los que quieren vivir piadosamente en Cristo Jesús padecerán persecución"*. Si seguimos la Palabra de Dios puede ser que enfrentemos dificultades o persecuciones sin ninguna razón.

Por ejemplo: cuando no creíamos en el Señor, bebíamos alcohol y utilizábamos un lenguaje ofensivo y mostrábamos un mal comportamiento. Pero luego de recibir la gracia de parte de Dios, intentamos dejar de beber y llevar una vida de santidad. Por lo tanto, de manera natural nos inclinaremos a distanciarnos de nuestros colegas y conocidos que no son creyentes. Aunque nos asociemos con ellos, no podrán disfrutar de las mismas cosas con nosotros como lo hacían anteriormente, por lo que se pueden sentir decepcionados o decir algo en contra de nuestro nuevo comportamiento.

En mi caso también fue así, antes de aceptar al Señor, yo tenía muchos amigos con los cuales bebíamos juntos. Además, cuando me reunía con mis parientes también bebíamos en gran cantidad. Pero luego de aceptar al Señor, pude comprender, en una reunión de avivamiento, la voluntad de Dios que nos habla acerca de no embriagarnos e inmediatamente dejé de beber.

Dejé de servirles bebidas alcohólicas a mis hermanos, parientes y amigos. Por lo tanto comenzaron a quejarse afirmando yo no los trataba como se suponía que los debía tratar.

Además, luego de aceptar al Señor y guardar el Día del Señor como un día santo, a veces no podíamos asistir a algunas salidas de nuestro lugar de trabajo u otras reuniones sociales. En una familia que no ha sido evangelizada quizás enfrentemos persecución debido a que no nos inclinamos ante los ídolos.

Los malvados aborrecen la luz

Entonces, ¿por qué debemos sufrir cuando creemos en el Señor? Es igual al agua y al aceite que no se pueden mezclar. Dios es Luz, y aquellos que creen en el Señor y viven en el mundo espiritual pertenecen a la Luz (1 Juan 1:5). Por otro lado, el gobernante de este mundo es el enemigo diablo y Satanás que además gobierna las tinieblas (Efesios 6:12).

Por consiguiente, al igual que las tinieblas desaparecen donde hay luz, cuando el número de creyentes que son como la luz va en crecimiento, el poder de gobierno del enemigo diablo y Satanás disminuirá. El enemigo diablo y Satanás controla a las personas que son mundanas, las cuales les pertenecen. Ellos insisten en causar persecución a los creyentes para que ya no haya más creyentes.

"Porque todo aquel que hace lo malo, aborrece la luz y no viene a la luz, para que sus obras no sean reprendidas. Mas el que practica la verdad viene a la luz, para que sea manifiesto que sus obras son hechas en Dios" (Juan 3:20-21).

Aquellos que tienen corazones buenos pueden ser tocados y aceptar el evangelio cuando ven a otros vivir por la Palabra de Dios en justicia. Pero aquellos que son malos pensarán en tales cosas como una tontería, ya que odian y causan persecución a los creyentes por ello.

Algunos intentan persuadir a los creyentes con su lógica. Ellos dicen: "¿Tienes que ser tan extremista? Existen personas que han sido criadas en familias cristianas, incluso algunos son ancianos en una iglesia, pero siguen bebiendo". Sin embargo, los hijos de Dios jamás deben actuar con injusticia, la cual Dios aborrece, simplemente porque sus colegas, familiares o amigos están un poco heridos en sus sentimientos momentáneamente.

Dios entregó a Su Hijo unigénito por nosotros que éramos pecadores. Jesús tomó todo tipo de burlas y persecuciones, y finalmente murió en la cruz tomando nuestros pecados. Si pensamos en este tipo de amor, no podemos comprometernos con el mundo bajo ningún tipo de persecuciones solo por la comodidad momentánea.

Casos en los que se padece persecución por causa de la justicia

En el año 605 a. C., mediante la invasión de Nabucodonosor de Babilonia, Sadrac, Mesac y Abed-nego fueron cautivos junto con Daniel. Incluso en las demás culturas que eran lujuriosas y llenas de idolatría, ellos mantuvieron su reverencia y fe en Dios.

Cierto día, tuvieron que enfrentar una situación difícil. El rey se hizo una estatua de oro e hizo que cada persona en el país se postrara ante ella. Si alguien desobedecía las órdenes del rey, debía ser arrojado al horno de fuego.

Sadrac, Mesac y Abed-nego podían fácilmente evitar cualquier tipo de problema al postrarse tan solo una vez, pero ellos nunca lo hicieron.

Fue debido a que Éxodo 20:4-5 dice: *"No te harás imagen, ni ninguna semejanza de lo que esté arriba en el cielo, ni abajo en la tierra, ni en las aguas debajo de la tierra. No te inclinarás a ellas, ni las honrarás; porque yo soy Jehová tu Dios, fuerte, celoso, que visito la maldad de los padres sobre los hijos hasta la tercera y cuarta generación de los que me aborrecen".*

Finalmente, los tres amigos de Daniel tuvieron que ser arrojados al horno de fuego. ¡La declaración de ellos en ese momento fue conmovedora!

"He aquí nuestro Dios a quien servimos puede librarnos del horno de fuego ardiendo; y de tu mano,

oh rey, nos librará. Y si no, sepas, oh rey, que no serviremos a tus dioses, ni tampoco adoraremos la estatua que has levantado" (Daniel 3:17-18).

Incluso en una situación de vida o muerte, no dieron su brazo a torcer sino que mantuvieron su fe. Dios, al ver la fe de ellos, los salvó del horno de fuego ardiente.

Padecer persecución por causa de nuestras propias deficiencias

Algo que debemos tener presente en esta ocasión es que hay muchos casos en los que se padece persecución debido a las deficiencias de cada persona, en lugar de sufrir persecución por causa de la justicia, como los tres amigos de Daniel.

Por ejemplo, existen algunos creyentes que no cumplen con sus responsabilidades debido a que están realizando la obra de Dios.

Si los estudiantes no estudian, y si las amas de casa no se preocupan del cuidado de sus casas por estar concentradas en las actividades de la iglesia, padecerán persecución por parte de los miembros de sus familias. La causa de su persecución es porque son negligentes en sus estudios u obligaciones hogareñas. Sin embargo, estas personas malinterpretan que padecen persecución porque están realizando la obra del Señor.

Puede ser que un creyente no se esfuerce en su trabajo y trate de pasar su responsabilidad a otra persona dando excusas del trabajo en la iglesia. De esta manera, recibirá una advertencia o será reprendido en su lugar de trabajo. Esto no es padecer persecución por causa de la justicia.

En 1 Pedro 2:19-20 podemos leer: *"Porque esto merece aprobación, si alguno a causa de la conciencia delante de Dios, sufre molestias padeciendo injustamente. Pues ¿qué gloria es, si pecando sois abofeteados, y lo soportáis? Mas si haciendo lo bueno sufrís, y lo soportáis, esto ciertamente es aprobado delante de Dios".*

Bienaventurados los que padecen persecución por causa de la justicia

Mateo 5:10 dice: *"Bienaventurados los que padecen persecución por causa de la justicia, porque de ellos es el reino de los cielos".* ¿Por qué la Biblia dice que son bendecidos? Las persecuciones que uno tiene que padecer debido a la maldad o a la injusticia no pueden ser bendiciones o recompensas. Sin embargo, la persecución por causa de la justicia es bendecida debido a que la persona que recibe tal persecución puede poseer el reino de los Cielos.

Así como el suelo se vuelve más duro después de la lluvia, luego de atravesar persecuciones, nuestro corazón será más firme y más perfecto. Podemos encontrar la falsedad de la cual no nos habíamos percatado anteriormente, y desecharla. Podremos cultivar la mansedumbre y la paz, y asemejarnos al corazón del

Señor para amar incluso a nuestros enemigos.

Anteriormente, si alguien nos golpeaba en una mejilla nos enojábamos y devolvíamos el golpe. No obstante, a través de las persecuciones, llegamos a aprender acerca del servicio y el amor y, de esta manera, ahora ponemos nuestra otra mejilla.

Además aquellas personas que solían entristecerse y quejarse cuando enfrentaban dificultades, pueden tener fe firme por medio de las persecuciones, y ahora tener esperanza por el reino celestial y estar agradecidos y gozosos en todo tipo de situación.

Permítanme mostrarles un verdadero ejemplo de vida. Uno de los miembros de nuestra iglesia tuvo problemas con uno de sus colegas en la oficina casi en todos los asuntos. Esta persona calumniaba a los creyentes sin razón alguna. Sus acciones carecían de sensibilidad común, y este creyente tenía que sufrir mucho a causa de ello.

Otras personas solían decir que él era una buena persona, pero por medio de esta situación, este creyente pudo darse cuenta de que él también tenía odio en su corazón. Por lo tanto se propuso abrazar a su colega de trabajo en su corazón, ya que Dios nos dice que debemos amar incluso a nuestros enemigos. Entonces recordó lo que a esta persona le gustaba y ocasionalmente le daba algo.

Además, mientras él oraba por esta persona, pudo obtener verdadero amor por él, y su relación se volvió más cercana y amistosa que la de cualquiera de los trabajadores de la oficina.

En Salmos 119:71 leemos: *"Bueno me es haber sido humillado, para que aprenda tus estatutos"*. Por medio del sufrimiento podemos humillarnos aún más, y abstenernos del pecado y la maldad al colocar la confianza en el Señor y santificarnos. Con el tiempo, la persecución desaparecerá naturalmente.

Si padecemos persecución por causa de la justicia, nuestra fe crecerá y de esta manera seremos respetados por los demás a nuestro alrededor y también recibiremos bendiciones materiales y espirituales de parte de Dios. Además, en la medida que alcancemos la justicia en nosotros, podemos avanzar a una mejor morada en el reino de los Cielos. ¡Puede imaginarse qué bendición tan grande es esta!

La morada y la gloria celestial son diferentes

Entonces, ¿cuál es la diferencia entre el cielo que los pobres poseen en el corazón y el cielo que poseen los que padecen persecución por causa de la justicia? De hecho, existe una gran diferencia.

El primero es el Cielo en un significado general al cual las personas que son salvas pueden ir. El segundo significa que iremos a una mejor morada en el Cielo en la medida que padezcamos persecución por actuar con justicia.

Al punto que alcancemos la santificación y lleguemos a ser hijos verdaderos que Dios quiere, y de acuerdo a cuán bien cumplamos nuestras responsabilidades, la morada y las recompensas en el Cielo serán diferentes.

Juan 14:2 dice: *"En la casa de mi Padre muchas moradas hay; si así no fuera, yo os lo hubiera dicho; voy, pues, a preparar lugar para vosotros".*

Además, en 1 Corintios 15:41 leemos: *"Una es la gloria del sol, otra la gloria de la luna, y otra la gloria de las estrellas, pues una estrella es diferente de otra en gloria".* Podemos ver que la morada y la gloria que tengamos en el Cielo serán diferentes de acuerdo a la medida de justicia que alcancemos.

Los pobres en corazón son aquellos que han aceptado al Señor y han obtenido el derecho para entrar al reino de los Cielos. Desde ese momento, pueden llegar a ser mansos y tener corazones puros al gemir y arrepentirse de sus pecados y abstenerse de ellos. Deben seguir su crecimiento en la fe mediante seguir la justicia continuamente.

Es decir, solo aquellos que se dan cuenta de su maldad, que se abstienen de ella y llegan a santificarse por medio de las persecuciones y pruebas, pueden entrar a una mejor morada en el Cielo y además ver a Dios el Padre.

Persecuciones por causa del Señor

En la medida que alcancemos la justicia, las persecuciones desaparecerán. Cuando nuestra fe crece y somos cada vez más perfectos, seremos respetados por las demás personas a nuestro alrededor. Además de ello, podemos también recibir bendiciones espirituales y materiales de parte de Dios.

Podemos apreciar esto en el caso de los tres amigos de Daniel. Ellos padecieron persecuciones porque se mantuvieron en su justicia por Dios. Por ello fueron arrojados al horno de fuego ardiente que estaba siete veces más caliente de lo normal, pero Dios los protegió. Ni un solo cabello de sus cabezas se quemó.

Al ver la obra de Dios, el rey también le dio la gloria al Dios Todopoderoso, y además elogió a los tres amigos de Daniel.

Esto no quiere decir que todas las persecuciones desaparecerán porque estamos cumpliendo con la justicia completamente mediante la práctica de la Palabra de Dios. Existen además persecuciones que los obreros del Señor tienen que atravesar por causa del reino de Dios.

Mateo 5:11-12 dice: *"Bienaventurados sois cuando por mi causa os vituperen y os persigan, y digan toda clase de mal contra vosotros, mintiendo. Gozaos y alegraos, porque vuestro galardón es grande en los cielos; porque así persiguieron a los profetas que fueron antes de vosotros".*

Muchos patriarcas de la fe estuvieron dispuestos a sufrir por cumplir con la voluntad de Dios. Primeramente, Jesús existió en forma de Dios. Él es intachable y sin mancha, no obstante, Él asumió el castigo de los pecadores. Para poder cumplir con la providencia de la salvación, Él fue azotado y crucificado en medio de todo tipo de burlas y desprecio.

El Apóstol Pablo

Consideremos el caso del apóstol Pablo. Pablo estableció los fundamentos de la obra misionera mediante la predicación del evangelio a los gentiles. Por medio de sus tres viajes misioneros, él estableció una gran cantidad de iglesias. Esto no fue de ninguna manera algo fácil. Podemos percibir cuán difícil fue esto en su confesión:

> *"¿Son ministros de Cristo? (Como si estuviera loco hablo.) Yo más; en trabajos más abundante; en azotes sin número; en cárceles más; en peligros de muerte muchas veces. De los judíos cinco veces he recibido cuarenta azotes menos uno. Tres veces he sido azotado con varas; una vez apedreado; tres veces he padecido naufragio; una noche y un día he estado como náufrago en alta mar; en caminos muchas veces; en peligros de ríos, peligros de ladrones, peligros de los de mi nación, peligros de los gentiles, peligros en la ciudad, peligros en el desierto, peligros en el mar, peligros entre falsos hermanos; en trabajo y fatiga, en muchos desvelos, en hambre y sed, en muchos ayunos, en frío y en desnudez"* (2 Corintios 11:23-27).

Incluso existían personas que hicieron votos de no comer hasta ver a Pablo muerto. Podemos imaginarnos cuán grande fue el sufrimiento por el cual tuvo que atravesar (Hechos 23:12). No obstante, no importaba cuál era la situación de las persecuciones, el apóstol Pablo siempre estaba gozoso y agradecido debido a que tenía esperanza por el reino de los Cielos.

Era fiel al punto de perder su vida por causa del reino y la justicia de Dios, ni siquiera para salvar su propia vida (2 Timoteo 4:7-8).

Esto no quiere decir que los hombres de Dios sufren porque no tienen el poder. Cuando Jesús estaba en la cruz, si Él hubiera querido, podría haber llamado a más de doce legiones de ángeles y destruir a todos los malos en ese mismo lugar (Mateo 26:53).

Tanto Moisés como el apóstol Pablo, tuvieron un poder tan grande que las personas incluso los consideraron como dioses (Éxodo 7:1, Hechos 14:8-11). Cuando las personas llevaban las prendas de vestir o pañuelos que Pablo había tocado a los enfermos, tanto las enfermedades como los demonios salían de ellos (Hechos 19:12).

Pero debido a que conocían que la providencia de Dios se cumpliría de mayor manera a través de sus sufrimientos, no intentaron evitarlos o apartarse del sufrimiento sino aceptarlo con gozo. Ellos predicaron la voluntad de Dios con una pasión ardiente e hicieron lo que Dios les había pedido.

Grandes recompensas cuando nos regocijamos y estamos alegres

La razón por la cual nos podemos regocijar y estar alegres cuando padecemos persecución por causa del nombre del Señor, es porque la recompensa en el Cielo será grandiosa (Mateo 5:11-12).

Entre los ministros leales de la antigüedad, existían aquellos que estaban dispuestos a sacrificar sus propias vidas por el rey. Por ello el rey añadía mayor gloria y honor por su lealtad. Si el ministro moría, el rey daba recompensas a sus hijos.

Tal como menciona Juan 15:13: *"Nadie tiene mayor amor que este, que uno ponga su vida por sus amigos";* ellos probaban su amor por el rey al sacrificar sus propias vidas.

Si somos perseguidos e incluso damos nuestras vidas por el Señor, ¿cómo puede Dios, siendo el Soberano de todas las cosas, simplemente dejar los asuntos tal como son? Él derramará sobre nosotros bendiciones celestiales inimaginables.

Nos dará una mejor morada celestial en el reino de los Cielos. Aquellos que son martirizados por causa del Señor, serán reconocidos por sus corazones que aman al Señor. Ellos entrarán al menos el tercer reino de los Cielos o incluso a la Nueva Jerusalén.

Aunque no estemos totalmente santificados, si podemos sacrificar nuestras vidas y convertirnos en mártires, significa que podemos llegar a ser completamente santificados si tuviéramos más tiempo.

El apóstol Pablo sufrió en gran manera e incluso dio su

vida para el Señor. Podía comunicarse con Dios claramente y experimentar muchas cosas espirituales del Cielo. Debido a que él pudo ver el Paraíso, en Romanos 8:18 confesó lo siguiente: *"Pues tengo por cierto que las aflicciones del tiempo presente no son comparables con la gloria venidera que en nosotros ha de manifestarse".*

También en 2 Timoteo 4:7-8 dijo: *"He peleado la buena batalla, he acabado la carrera, he guardado la fe. Por lo demás, me está guardada la corona de justicia, la cual me dará el Señor, juez justo, en aquel día; y no sólo a mí, sino también a todos los que aman su venida".*

Dios no se olvida de la fidelidad y esfuerzo de aquellos que padecen persecuciones y que incluso se convierten en mártires por el Señor. Él recompensa ese tipo de sacrificio con abundante honor y recompensas. Tal como confesó el apóstol Pablo, habrán recompensas asombrosas y la gloria que nos espera.

Aunque no perdamos incluso nuestra vida, todas las cosas que hacemos por el Señor con un corazón de mártir, y todas las persecuciones que atravesamos por causa del Señor, serán recompensadas y recibiremos bendiciones.

Además de esto, a los que se regocijan y se alegran aunque son perseguidos por causa del Señor, Dios trae respuestas a los deseos de sus corazones y llena sus necesidades para mostrarles la evidencia de que Dios está con ellos. En la medida que vencen las dificultades, su fe será mayor, y entonces podrán recibir mayor poder y autoridad, se comunicarán con mayor claridad con Dios y podrán manifestar mayores obras del poder de Dios.

Pero de hecho, los que sacrifican sus vidas por el Señor no se preocupan si es que no reciben nada a cambio en este mundo, sino que se regocijan aún más, ya que nada puede ser comparado con las bendiciones y recompensas celestiales que luego recibirán.

Bendiciones para aquellos que participan en el sufrimiento del Señor

Debemos recordar una cosas más. Cuando un hombre de Dios sufre por causa del Señor, aquellos que están con él también recibirán bendiciones.

Cuando David estaba siendo perseguido por su hijo Absalón por causa de su pecado, aquellos que eran veraces conocían que David era un hombre de Dios, y aunque sus vidas estaban en peligro, permanecieron con él. Finalmente, cuando David recibió nuevamente la gracia de Dios, ellos también pudieron recibir la gracia.

Esta es la voluntad del Dios justo, que cuando un hombre de Dios sufre por causa del nombre del Señor, aquellos que están con él con corazones verdaderos también puedan participar de su gloria futura. Jesús también habló a Sus discípulos acerca de las recompensas celestiales que recibirían para darles aún más esperanza.

"Pero vosotros sois los que habéis permanecido conmigo en mis pruebas. Yo, pues, os asigno un reino, como mi Padre me lo asignó a mí, para que comáis y bebáis a mi mesa en mi reino, y os sentéis en tronos juzgando a las doce tribus de Israel" (Lucas 22:28-30).

La iglesia y mi persona tuvimos que atravesar por muchas persecuciones al cumplir con el reino de Dios. Debido a que sabíamos que esto era la voluntad de Dios, predicamos acerca de asuntos espirituales muy profundos, conociendo que esto también causaría persecución para nosotros.

Al atravesar por muchas dificultades imposibles de soportar para una persona, pusimos todo en las manos de Dios solo mediante la oración y el ayuno. De esta manera, Dios nos concedió un gran poder como evidencia de que Él está con nosotros, y nos permitió manifestar muchas señales y prodigios. No solo un gran número de debilidades fueron sanadas, sino también enfermedades tales como la parálisis infantil, la ceguera, la sordera e incluso partes del cuerpo que eran débiles desde el nacimiento, fueron restauradas.

Además de ello, hemos podido guiar a cientos de miles e incluso millones de personas cerca del Señor por medio de las cruzadas realizadas en muchos países. Una de las cruzadas llamó la atención del mundo entero al ser reportada por la Cadena de Noticias por Cable (mejor conocido como CNN por sus siglas en inglés).

En el año 2005 la Red Cristiana Mundial (GCN por sus siglas en inglés) fue establecida y comenzó a transmitir 24 horas al día en Nueva York y Nueva Jersey. En tan solo un año desde que se estableció, Dios bendijo de una manera tan grande que todas las personas podían verlo en cualquier parte del mundo a través de satélite.

Especialmente en la Cruzada de Nueva York en julio de 2006 realizada en el Madison Square Garden en la ciudad de Nueva York, la cruzada fue transmitida a más de 200 países alrededor del mundo por medio de muchos canales de transmisión como son GCN, Cosmovision, GloryStar Network y Daystar TV.

Detrás de este tipo de gloria se encontraban las oraciones fervientes de los miembros de la iglesia. La mayoría de los miembros de la iglesia la mantuvieron con sus oraciones y ayuno cuando atravesaba situaciones difíciles.

Aquellos que participaron en el sufrimiento con el Señor, tenían abundante esperanza por el reino de los Cielos. Crecieron al punto de tener una fe espiritual y prominente. Todas estas cosas les fueron entregadas a ellos como bendiciones. Sus familiares, lugares de trabajo y negocios fueron muy bendecidos, por medio de lo cual dieron gloria a Dios con muchos testimonios.

Por consiguiente, aquellos que siguen la bendición verdadera son capaces de regocijarse y alegrarse desde lo profundo de sus corazones cuando padecen persecuciones por causa del Señor. Esto se debe a que desean las bendiciones eternas que recibirán en el reino de los Cielos.

Aquél que alcanza la bendición verdadera

Una bendición a los ojos de Dios es muy diferente a las bendiciones que las personas de este mundo piensan que son bendiciones.

La mayoría de personas creen que ser rico es una bendición. No obstante, Dios dice que los pobres de corazón son bendecidos. Otros creen que estar siempre felices es una bendición, pero Dios dice que aquellos que lloran son bendecidos. También Él dice que aquellos que tienen hambre y sed de justicia y que son mansos, son bendecidos.

Las Bienaventuranzas contienen la verdadera bendición y caminos para poseer el reino de los Cielos con un corazón que es pobre, para asemejarse al corazón de Dios por medio de las persecuciones.

De esta manera, si nosotros simplemente obedecemos a la Palabra, podremos abstenernos de toda forma de maldad y llenar nuestros corazones con la verdad. Seremos capaces de recuperar por completo la imagen humilde y santa de Dios y ser de agrado ante Él. Esta es la forma para llegar a ser un hombre de fe y un hombre de espíritu completo.

Este tipo de persona es como un árbol plantado junto a las agua. Los árboles plantados cerca del agua son suplidos de agua fresca en abundancia. Incluso en días secos y calurosos, tendrán hojas verdes y darán fruto abundante (Jeremías 17:7-8).

Los creyentes que están viviendo en la Palabra de Dios, donde surgen todas las bendiciones, no tendrán nada de qué temer, incluso si atraviesan dificultades. Siempre experimentarán las manos de amor y bendición de Dios.

Por consiguiente, ruego en el nombre del Señor que usted pueda anhelar la gloria que le será revelada y que cultive las Bienaventuranzas en su vida. Es mi oración que pueda disfrutar de verdaderas bendiciones que Dios el Padre le quiere dar en la mayor medida; tanto en este mundo como en el Cielo.

*"Bienaventurado el varón
que no anduvo
en consejo de malos,
ni estuvo en camino de pecadores,
ni en silla de escarnecedores se ha sentado;
sino que en la ley de Jehová está su delicia,
y en su ley medita de día y de noche.*

*Será como árbol plantado
junto a corrientes de aguas,
que da su fruto en su tiempo,
y su hoja no cae;
y todo lo que hace,
prosperará".*
(Salmos 1:1-3)

El autor:
Dr. Jaerock Lee

El Rev. Dr. Jaerock Lee nació en 1943 en Muan, Provincia de Jeonnam, República de Corea. A sus veinte años, él padeció de una serie de enfermedades incurables durante siete años, y al no tener ninguna esperanza de recuperación, él esperaba únicamente la muerte. Cierto día, durante la primavera de 1974, fue invitado por su hermana a una iglesia, y cuando se inclinó para orar, el Dios vivo inmediatamente lo sanó de todas sus enfermedades.

Desde el momento en que el Rev. Dr. Lee conoció a Dios a través de aquella experiencia maravillosa, él ha amado a Dios con todo su corazón y sinceridad. En 1978 él recibió el llamado a ser un siervo de Dios. Clamó fervientemente a fin de entender con claridad la voluntad de Dios y llevarla a cabo por completo, y obedeció a cabalidad la Palabra de Dios. En 1982 fundó la Iglesia Central Manmin en Seúl (Corea del Sur), e innumerables obras de Dios, incluyendo sanidades o prodigios milagrosos, han tomado lugar en la iglesia.

En 1986 el Rev. Dr. Lee fue ordenado como pastor en la Asamblea Anual de la Iglesia de Jesús de Sungkyul de Corea, y cuatro años más tarde sus sermones empezaron a ser transmitidos en Australia, Rusia, las Filipinas, y otros lugares a través de la Compañía de Radiodifusión del Lejano Oriente, la Estación de Radiodifusión de Asia, y el Sistema Radial Cristiano de Washington.

Luego de transcurridos tres años, en 1993, la Iglesia Central Manmin fue denominada por la Revista *Christian World* de EE. UU. como una de las '50 Iglesias Principales del Mundo'. El mismo año el Dr. Lee obtuvo un Doctorado Honorario en Teología en Christian Faith College, Florida, EE. UU., y en 1996 obtuvo un Ph.D. en Ministerio en el Seminario Teológico de Kingsway en Iowa, EE. UU.

Desde 1993, el Rev. Dr. Lee ha tomado la batuta en el área de las misiones mundiales a través de cruzadas evangelísticas internacionales en Tanzania, Argentina, Los Ángeles, Baltimore, Hawái, y la ciudad de Nueva York en los Estados Unidos, Uganda, Japón, Pakistán, Kenia, las Filipinas, Honduras, India, Rusia, Alemania, Perú, República Democrática de Congo, Israel y Estonia.

En el año 2002, los principales diarios cristianos de Corea lo nombraron 'el evangelista mundial' por su labor poderosa en varias Grandes Cruzadas

Unidas internacionales. Su Cruzada Nueva York 2006 realizada en el Madison Square Garden, el coliseo más famoso del mundo, se transmitió a 220 naciones, y durante su Cruzada Unida Israel 2009 realizada en el Centro Internacional de Convenciones de Jerusalén, él proclamó con valentía que Jesucristo es el Mesías y Salvador. Sus sermones se transmiten a 176 naciones vía satélite, incluyendo GCN TV. Fue nombrado como uno de 'Los diez líderes cristianos con mayor influencia' en el año 2009, y en el 2010 se destacó en *InVictory*, la popular revista cristiana de habla rusa y la agencia *Christian Telegraph* por su poderoso ministerio de televisión y pastorado a nivel mundial.

Hasta Abril de 2015, la Iglesia Central Manmin cuenta con una congregación de más de 120 000 miembros; tiene 10 000 iglesias filiales locales e internacionales en el mundo entero, incluyendo 56 iglesias filiales locales y más de 123 misioneros que han sido comisionados a 23 países, entre ellos los Estados Unidos, Rusia, Alemania, Canadá, Japón, China, Francia, India, Kenia, y muchos más.

Hasta la fecha de esta publicación, el Dr. Lee ha escrito 94 libros, incluyendo algunos en lista de superventas de librería tales como *Gozando de la Vida Frente a la Muerte, Mi Vida, Mi Fe I y II, El Mensaje de la Cruz, La Medida de Fe, Cielo I Y II, Infierno,* y *El Poder de Dios*. Sus obras han sido traducidas a más de 76 idiomas.

Sus editoriales cristianos se publican en los diarios *The Hankook Ilbo, The Chosun Ilbo, The JoongAng Daily, The Dong-A Ilbo, The Munhwa Ilbo, The Seoul Shinmun, The Kyunghyang Shinmun, The Korea Economic Daily, The Korea Herald, The Shisa News,* y *The Christian Press*.

El Dr. Lee es actualmente el líder de muchas organizaciones y asociaciones misioneras, entre ellas: Presidente de la Iglesia de la Santidad Unida de Jesucristo, Presidente de la Misión Mundial Manmin, Presidente vitalicio de la Asociación de Avivamiento y Misiones Cristianas Mundiales, Fundador y Presidente de la Junta de la Red Cristiana Mundial (GCN por sus siglas en inglés), Fundador y Presidente de la Junta de la Red Mundial de Médicos Cristianos (WCDN por sus siglas en inglés), y Fundador y Presidente de la Junta del Seminario Internacional Manmin (MIS por sus siglas in inglés).

Otros libros poderosos del mismo autor:

Cielo I & II

Una descripción detallada del maravilloso y vívido ambiente que los ciudadanos del Cielo disfrutarán en los cinco niveles del Reino de los Cielos, además de una hermosa descripción de cada uno de ellos.

Mi Vida, Mi Fe I & II

La autobiografía del Dr. Jaerock Lee proporciona un fragante aroma espiritual a los lectores a través de su vida extraída del amor de Dios que brotó en medio de olas oscuras, un yugo frío y la mayor desesperación.

El Mensaje de la Cruz

Un poderoso mensaje de avivamiento para todos aquellos que están espiritualmente adormecidos. En este libro encontrará la razón por la que Jesús es el único Salvador y es el verdadero amor de Dios.

La Medida de Fe

¿Qué tipo de lugar celestial y qué tipo de corona y recompensas están preparadas para usted en el Cielo? Este libro proporciona la sabiduría y guía para que usted mida su fe y cultive una fe mejor y más madura.

Infierno

Un sincero y ferviente mensaje de Dios para toda la humanidad. ¡Dios desea que ningún alma caiga en las profundidades del infierno! Usted descubrirá una descripción nunca antes revelada de la cruel realidad del Hades y del Infierno.

www.urimbooks.com

www.ingramcontent.com/pod-product-compliance
Lightning Source LLC
LaVergne TN
LVHW012021060526
838201LV00061B/4400